la bible des
cocktails

D0851585

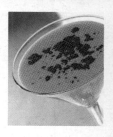

la bible des
cocktails

Maria Costantino

MODUS VIVENDI

© 2005 D&S Books Ltd
Paru sous le titre original de : Cocktails

LES PUBLICATIONS MODUS VIVENDI INC.

55,rue Jean-Talon Ouest, 2ᵉ étage
Montréal (Québec)
Canada
H2R 2W8

Design de la couverture : Marc Alain
Infographie : Modus Vivendi
Directrice artistique : Sarah King
Designer : Debbie Fisher
Photographe : Paul Forrester
Traduit de l'anglais par : Germaine Adolphe

Dépôt légal - Bibliothèque et Archives nationales du Québec, 2006
Dépôt légal - Bibliothèque et Archives Canada, 2006

ISBN 13 : 978-2-89523-371-8

Nous reconnaissons l'aide financière du gouvernement du Canada par l'entremise du Programme d'aide au développement de l'industrie de l'édition (PADIÉ) pour nos activités d'édition.

Gouvernement du Québec — Programme de crédit d'impôt pour l'édition de livres — Gestion SODEC

Imprimé en Chine

table
des matières

introduction

Depuis des milliers d'années, la consommation d'alcool est associée aux réjouissances. L'habitude de mélanger entre elles des boissons à base de jus de fruits, d'eau, de spiritueux ou de liqueurs date sans doute d'aussi longtemps. Par définition, un cocktail est une boisson composée d'au moins deux ingrédients. Ainsi, malgré sa connotation moderne, le cocktail pourrait fort bien avoir été créé par les anciens Égyptiens, Grecs ou Romains en quête d'un élixir de santé.

La première boisson mélangée connue date du 14e siècle. C'était le « bragget », un mélange de bière et de liqueur à base de miel, l'hydromel, encore fabriquée de nos jours en Angleterre. L'origine des nombreuses liqueurs utilisées dans les cocktails, comme les célèbres Bénédictine et Chartreuse, remonte à la fin du Moyen Âge à une époque où les moines herboristes et apothicaires administraient aux malades leurs teintures et élixirs médicinaux. Bien que l'on attribue aux Européens le mérite de la mise au point des techniques complexes de distillation, de macération et d'infusion permettant la fabrication des alcools utilisés dans les cocktails actuels, c'est aux États-Unis que le mot « cocktail » apparaît dans un dictionnaire pour la première fois en 1803.

Le terme « cocktail » est défini comme une « boisson mélangée à base d'alcool, d'amer (bitter) et de sucre », mais la question de ses origines exactes soulève toujours la controverse. Le mot cocktail est-il dérivé de la plume de coq rouge qui ornait le chapeau des grands gagnants sur les bateaux casinos du Mississipi ? Est-il attribuable à Betsy Flanagan qui, durant la Révolution américaine, servait aux soldats américains et français des plats de poulet et des digestifs décorés des plumes de la queue de l'oiseau, suscitant des cris de « Vive le cocktail » des clients ?

Ou serait-ce du fait de l'apothicaire créole Antoine Peychaud de la Nouvelle-Orléans qui, dans les années 1790, mesurait dans un coquetier les doses d'alcool pour ses remèdes ?

Quelles qu'en soient les origines, la vogue des mélanges fabuleux se répandit très vite à l'étranger. Harry MacElhone, l'un des plus grands barmans de tous les temps, ouvrit le Harry's New York Bar à Paris en 1923 – c'est là que naîtra le « Bloody Mary », l'une de ses créations qui sont devenues des classiques. Même l'arrivée de la prohibition aux États-Unis ne réussit pas à mettre un frein à l'engouement des Américains pour les cocktails. Ceux qui pouvaient s'offrir des voyages se rendaient en Europe, faisaient des sauts à Mexico ou allaient se consoler dans les Caraïbes. Ceux qui ne voyageaient pas avaient accès à des réserves d'alcool régulières et abondantes, grâce aux bootleggers et aux distilleries clandestines.

Pendant la prohibition, la qualité variable de l'alcool illégal disponible aux États-Unis n'entrava pas l'essor des cocktails. Au contraire, pour masquer la nature « brute » des spiritueux, les barmans rivalisaient d'ingéniosité et de créativité. Les cocktails connurent leur âge d'or dans les années 1920 et 1930 et l'intérêt qu'ils suscitaient perdure à ce jour. Des générations de consommateurs d'alcool inspirés par les voyages à l'étranger et les goûts nouveaux encouragèrent la création de nouvelles boissons, parfois aux noms audacieux et aux combinaisons extravagantes – Il n'y a que lorsque que vous commandez un cocktail que vous pouvez demander sans crainte à un parfait étranger un Slow, Comfortable Screw Up Against the Wall qui, en d'autres circonstances, pourrait évoquer une bonne partie de fesses debout contre un mur, un Sex on the Beach (sexe sur la plage) ou un Manager's Daughter (la fille du patron) !

les notions de base

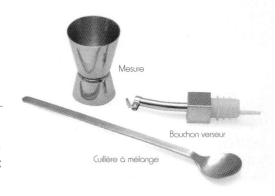

Mesure

Bouchon verseur

Cuillère à mélange

Tout le monde peut réussir un cocktail, mais, comme dans tout art, les bons outils facilitent le travail.

mesures

Dans les recettes du présent livre, les quantités de spiritueux ou de liqueur sont données en mesure ou demi-mesure. On utilise le mot « mesure » à cause de la légère différence entre les unités françaises, anglosaxonnes et américaines – l'once liquide varie d'un côté à l'autre de l'Atlantique. Comme la plupart des cocktails classiques ont été inventés en Amérique, le jigger – ou encore « mesure », ou « dose » – utilisé dans les bars aux États-Unis sert souvent de référence. Le choix d'une « mesure » vous appartient – vous pourriez vous servir d'un dé à coudre ou même d'un coquetier. Il importe que vous utilisiez la même mesure tout le long de la confection de la boisson pour en respecter les proportions d'alcool. Pour vous assurer que le verre que vous avez choisi contiendra tous les ingrédients, faites un essai en mesurant toutes les quantités avec de l'eau. Gardez à l'esprit que le fait de secouer, de remuer et de mélanger avec de la glace fera diluer les liquides et accroître le volume de la boisson finale.

glace

Un cocktail sans glace est inconcevable. La glace est un ingrédient essentiel sur lequel il ne faut pas lésiner. Selon le cocktail choisi, vous aurez besoin de glaçons, de glace concassée ou de glace pilée. Le but est de refroidir la boisson au maximum pendant l'ajout et le mélange des ingrédients.

Pour fabriquer de la glace concassée, il vous suffit de mettre des glaçons dans un sac de plastique propre et de cogner dessus avec un rouleau à pâtisserie. L'objectif est de casser chaque glaçon en trois morceaux. Pour obtenir de la glace pilée, continuez à frapper ou mettez la glace concassée dans un mixeur. La plupart des mixeurs sont capables de piler de la glace et certains d'entre eux se distinguent par cette fonction. Comme la glace fond rapidement, concassez-la ou pilez-la juste avant usage et prenez soin d'utiliser des verres que vous aurez rafraîchis au préalable.

verres rafraîchis

« Refroidir avant de remplir » est la règle à suivre pour réussir vos cocktails. Voici trois façons de rafraîchir un verre :

1 Mettez le verre dans le réfrigérateur ou le congélateur quelques heures avant son utilisation – cette méthode est toutefois déconseillée pour les verres de cristal qui pourraient voler en éclats.

2 Remplissez le verre de glace pilée avant de l'utiliser. Enlevez la glace et l'eau du verre avant d'y verser la boisson.

3 Remplissez le verre de glace concassée. Faites tourner la glace dans le verre, enlevez-la, puis versez la boisson dans le verre.

terminologie de la mixologie

Si une recette indique d'ajouter les ingrédients dans un shaker, un verre ou un mixeur, prenez l'habitude de mettre les ingrédients les moins chers en premier. Versez le jus de citron ou de lime, le sirop de sucre et les jus de fruits d'abord, puis les précieux spiritueux et liqueurs. Si une erreur se produit En cours de route, vous ne gaspillerez que les ingrédients les moins onéreux.

truc Ne secouez jamais une boisson à base de boissons gazeuses – ginger ale, soda tonique, eau de Seltz – ou du champagne ! Ce type d'ingrédient n'est ajouté qu'au dernier moment, pour « compléter » une boisson.

Dans la méthode « frapper et passer », remplissez de glaçons la moitié du shaker, ajoutez les ingrédients et secouez énergiquement jusqu'à ce que la paroi extérieure du shaker prenne un aspect givré. Versez immédiatement le liquide dans un verre en retenant les glaçons avec la passoire. Le volume de liquide augmentera car une partie de la glace aura fondu et se sera mélangée aux autres ingrédients. C'est un point dont il faut tenir compte pour éviter de dépasser la quantité de boisson que le verre peut contenir.

N'utilisez pas de glace pilée pour frapper et passer car elle se coincera dans les trous de la passoire du shaker et les bouchera. Les boissons frappées avec de la glace pilée sont versées « non passées » dans un verre ou passées au moyen d'une passoire à glace pilée. Lorsqu'il est dit de « frapper et verser sans passer », videz un verre de glace dans le shaker, ajoutez les ingrédients et secouez. Versez la boisson dans un verre de la même taille que celui qui a servi à mesurer la glace.

Lorsqu'une recette vous dicte de « remuer et passer », remplissez de glaçons la moitié du verre à mélange ou de la partie inférieure du shaker, ajoutez les ingrédients et remuez avec une cuillère à mélange pendant 10 à 15 secondes. Versez la boisson dans le verre à travers une passoire à cocktail (Hawthorn strainer), le filtre du shaker ou un tamis fin.

Lorsqu'il faut « remuer et verser sans passer », préparer votre cocktail selon la méthode ci-dessus, mais utilisez un verre de glace pliée et ne filtrez pas le liquide. Versez le mélange remué dans un verre de la même taille que celui qui a servi à mesurer la glace.

Dans la méthode « au verre directement », certains cocktails sont préparés « sur glace » – on met les glaçons en premier dans le verre puis on verse les alcools – et d'autres en « pousse-café ». Dans un pousse-café, la différence de densité des liqueurs et des spiritueux permet aux liquides de se superposer en étages colorés sans se mélanger. C'est une opération délicate pour le novice mais qui peut donner des résultats spectaculaires. La clé de la réussite consiste à verser l'alcool très lentement sur le dos (la partie arrondie) d'une petite cuillère, ou le long de la tige torsadée d'une longue cuillère à mélange, de façon à le déposer très délicatement sur la couche précédente.

Servez la boisson mélangée dès qu'elle est prête, sinon elle perdra de sa fraîcheur. La glace fondra et diluera la boisson; dans certains cas, les ingrédients se sépareront.

Lorsqu'une recette demande un «zeste de citron, de lime ou d'orange», frottez une petite lanière de zeste sur le bord du verre pour y déposer l'huile d'agrumes. Pressez ensuite le zeste pour faire tomber une goutte d'huile – souvent minuscule – dans la boisson. Certaines recettes proposent de déposer également le zeste dans le verre alors que d'autres suggèrent de le jeter.

Pour «givrer» un verre avec du sucre, du sel ou de la noix de coco, humectez le bord du verre avec un peu jus de citron ou de lime et retournez le verre sur une soucoupe contenant le condiment.

quelques règles simples

Conservez vos ingrédients au frais. Refroidissez les jus et les boissons gazeuses, les champagnes et les vermouths. Les vodkas et les aquavits sont meilleurs très froids.

Entre deux préparations de cocktails différents, lavez le matériel pour éviter que les parfums ne se mélangent. Rincez aussi les cuillères et les agitateurs.

Ayez vos ustensiles à portée de la main – ouvre-boîtes, décapsuleur, shaker, mesure, verre et cuillère à mélange, pailles et bâtons mélangeurs.

Avant l'arrivée de vos invités, préparez les verres, les jus de fruits, les garnitures de fruits et les ingrédients tels que sirop de sucre, jus de citron et de lime et crème de coco.

Assurez-vous que vous disposez de glace en quantité. Un seau à glace bien isolé, de grande capacité, est préférable à un modèle «fantaisie». Des pinces à glaçons sont plus efficaces qu'une cuillère pour sortir les glaçons du seau sans ramasser d'eau.

le matériel

Certains des accessoires énumérés ci-dessous se trouvent déjà dans votre cuisine, sinon il est toujours possible d'improviser – la nécessité, dit-on, est la mère des inventions. Pour préparer vos cocktailss, vous aurez besoin de trois ustensiles de base : un shaker, un verre à mélange et un mixeur.

Il existe deux types de shaker. Le shaker standard doté d'un filtre intégré est très utile et facile à utiliser, surtout pour frapper et passer les boissons à base d'œufs, de crème, de sirop de sucre et de fruits – le filtre retiendra tout morceau de glace ou de fruit qui pourrait nuire à la présentation. Le shaker Boston comprend deux timbales à fond plat qui s'adaptent l'une sur l'autre. Une fois frappé, le mélange est filtré au moyen d'une passoire à cocktail (Hawthorn strainer) qui s'ajuste sur l'une des timbales.

Un verre à mélange sert pour les boissons qu'il faut mélanger sans secouer avant de verser ou de passer dans les verres de service. Les verres à mélange « professionnels » sont conçus pour être utilisés avec une passoire à cocktail, mais la partie inférieure d'un shaker standard fait aussi l'affaire. Sinon, on peut faire le mélange dans un pot de verre et le passer dans un tamis fin. Toutes ces méthodes sont bonnes.

Un mixeur est idéal pour préparer des boissons avec de la glace pilée, des fruits frais, de la crème glacée et du lait. L'utilisation du mixeur vise à produire une boisson de la consistance d'un lait frappé. Toutefois, un mélange prolongé fera diluer la boisson car la glace pilée fond très rapidement. Un mixeur permet aussi de préparer une boisson en grande quantité – avant de commencer,

alignez tous les verres. Lorsque la boisson est prête, remplissez chaque verre à demi, puis revenez en arrière et continuez à verser jusqu'à ce que le bol du mixeur soit vide. De cette manière, chaque verre contiendra une quantité égale de boisson bien homogène.

Verre à cocktail

Ce verre élancé possède un grand pied qui protège le contenu de la coupe contre la chaleur d'une main. Contenance : 15 cl (5 oz) — verre à cocktail double : 22,5 cl (8 oz).

verres

Tous vos verres doivent être d'une propreté irréprochable. Faites des essais pour vérifier la contenance de chaque type de verre. Ceci vous permettra d'ajuster votre mesure de façon à obtenir la quantité adéquate de boisson finale.

L'utilisation du « bon » verre accentuera l'impact visuel d'une boisson. Différents modèles de verre ont été conçus pour des alcools ou des cocktails spécifiques. La forme spécialement étudiée d'un verre à dégustation permet de réchauffer gentiment l'alcool avec la main ; une flûte à champagne retient les bulles plus longtemps ; un verre à pousse-café, à bord droit, facilite la superposition des ingrédients. Pour chaque recette, vous trouverez le type de verre recommandé et le cas échéant, une autre suggestion. Le type de verre est important pour la boisson, mais le style et la taille de chaque type est une question de goût personnel.

Coupe à champagne

Voici le verre « ouvert », en forme de coupe, que l'on voit souvent dans les films. À cause de l'ouverture de la coupe, les bulles se dispersent rapidement ; c'est pourquoi il est d'usage de servir le champagne et les vins mousseux dans des flûtes (voir page 14). Toutefois, ce verre est si joli qu'il a toujours sa place dans le bar. Contenance : 15 cl (5 oz).

Verre shooter
Voici le petit verre utilisé pour servir un pousse-café, ou encore une dose de vodka ou d'aquavit à boire glacé et cul sec.

Verre à whisky
Aussi connu sous le nom de old-fashioned ou petit tumbler, c'est un verre plat et large qui contient environ 22,5 cl (8 oz).

Ballon
Le bol arrondi reposant sur un pied assez long est idéal pour les boissons mélangées. Le ballon est disponible en une variété de styles et de tailles dont la plus courante est de 20 cl (7 oz).

Verre à dégustations
Ce verre existe en plusieurs tailles allant jusqu'à 31 cl (11 oz). Son bol en forme de ballon et son pied court permettent au cognac d'être réchauffé par la main du buveur, alors que son ouverture étroite retient les vapeurs d'alcool.

Flûte à champagne
Haut et mince, ce verre sur pied est parfois appelé verre tulipe et contient environ 15 cl (5 oz).

Verre hurricane
Ce verre ressemble au poco qui est utilisé pour servir les coladas, mais il est souvent un peu plus allongé.

Verre Highball
Ce verre haut contient environ 22,5 cl (8 oz).

Verre à Collins
Étroit, très haut, et souvent à bord droit, ce verre est conçu pour les long drinks et contient généralement 30 cl (10 oz).

Coupe
Ce verre sur pied possède un bol large d'une contenance d'environ 35 cl (12 oz). Il peut être remplacé par un grand verre à vin ou par tout joli verre à bord large de type poco ou hurricane pour servir de nombreuses boissons riches et crémeuses.

le bar bien assorti

Les eaux-de-vie sont à la base de nombreux cocktails, aussi exotiques qu'ils puissent paraître. On les mélange entre elles, avec des liqueurs, des jus de fruits, de la crème, des œufs et de la crème de coco pour produire des milliers de combinaisons excitantes. Parcourez les recettes, trouvez les « goûts » qui vous intéressent, puis jetez un coup d'œil sur les ingrédients nécessaires.

eaux-de-vie

Gin

Le London dry gin est obtenu à partir d'un distillat de céréales non maltées. L'alcool est aromatisé avec des baies de genièvre et d'autres aromates, avant et pendant la distillation, afin de produire un gin au goût et à l'arôme subtils. Le London dry gin est un « type » de gin dont les marques connues sont notamment le Gordon's, le Bombay Saphir et le Beefeater.

Le Plymouth gin est fabriqué uniquement à Plymouth, en Angleterre. C'est le gin traditionnel utilisé dans le Pink Lady (voir page 29).

Le sloe gin – et son équivalent français, **la prunelle** – n'est pas une eau-de-vie, mais une liqueur faite de gin doux dans lequel ont macéré les fruits (prunelles) du prunellier pour être ensuite égouttés. Les prunelles confèrent à la liqueur une teinte rouge foncé.

Tequila et mezcal

La tequila est une eau-de-vie distillée dans la localité du même nom au Mexique, à partir de l'agave tequilana, une plante de type cactus. Le cœur de l'agave est cuit à la vapeur et écrasé pour en extraire le jus qui

est ensuite fermenté et distillé deux fois. La dénomination « blanco » ou « silver » désigne une tequila incolore et « gold », une tequila dorée. Le mezcal est le jus ou pulque de l'agave que l'on ne distille qu'une seule fois.

truc

De nombreuses eaux-de-vie et liqueurs sont disponibles en mignonnettes. Ces bouteilles miniatures contiennent une mesure d'alcool et sont idéales pour faire des essais de cocktails sans investir dans un grand format.

Vodka

La vodka est un alcool presque neutre obtenu par distillation d'un jus fermenté à base de céréales et filtré sur charbon de bois. Il existe des variétés de vodka incolore et inodore ainsi que des versions subtilement aromatisées comme les vodkas à l'herbe de bison, à la cerise, au citron et au poivre.

Rhum

Le rhum est une eau-de-vie élaborée à partir de la canne à sucre. Les rhums agricoles, comme les produits originaires de Haïti et de la Martinique, sont distillés à partir du jus de canne à sucre (vesou) fermenté. Les rhums industriels sont faits à partir de mélasse. On broie la canne afin d'en extraire le jus. L'eau s'évapore et le sirop restant est versé dans une centrifugeuse pour séparer la mélasse, laquelle est ensuite extraite, réduite par ébullition, puis fermentée et distillée.

Le rhum vieux est vieilli pendant environ cinq ans dans des fûts ayant contenu du bourbon. Il est ensuite mélangé et parfois foncé par l'adjonction de caramel.

Le rhum blanc est incolore, inodore et léger. La mélasse est fermentée puis distillée dans des alambics à colonne. L'alcool cristallin qui en résulte n'est vieilli que pendant un an avant sa mise en bouteille.

Le rhum ambré est élaboré de la même façon que le rhum blanc mais il est vieilli environ trois ans dans des fûts brûlés à l'intérieur, ce qui lui confère sa teinte dorée et son goût velouté.

Whisky (écossais et canadien) ou whiskey (irlandais, américain et japonais)

Le whisky de malt est produit à partir d'orge qui a été germée, séchée au feu de tourbe, broyée, fermentée et distillée. Le whisky est ensuite mis à vieillir en barrique de bois pendant 10 à 12 ans ou davantage.

Le blended scotch whisky résulte d'un mélange de whisky de grain – généralement du maïs – et de whisky de malt.

Le bourbon est un terme générique désignant un whiskey américain élaboré à partir de moût de grain fermenté, contenant au moins 51 % de maïs et distillé dans un alambic à colonne.

Le whisky canadien est fabriqué à partir d'un mélange de céréales (orge, maïs, seigle et blé) dont les proportions sont déterminées par le fabriquant. Il est distillé dans un alambic à colonne et mis à vieillir pendant six ans.

Le whiskey irlandais ressemble au whisky écossais, sauf que l'orge est séchée au four plutôt qu'au feu de tourbe.

Le rye whisky ou whiskey est produit au Canada et aux États-Unis, à partir d'un mélange de céréales contenant au moins 51 % de seigle.

Brandy et cognac

Le brandy et le cognac sont tous deux des eaux-de-vie de vin.

Le brandy peut être fabriqué dans n'importe quel pays pourvu que la vigne y pousse – le pisco est un brandy blanc du Pérou et du Chili – mais **le cognac** ne peut provenir que de la région de Cognac, en France, où il est élaboré à partir de vin blanc, distillé dans un alambic traditionnel à repasse puis mis à vieillir en fût de chêne.

Selon leur durée de vieillissement, **les cognacs** portent les dénominations VSO (very superior old), VSOP (very superior old pale), VVSOP (very, very superior old pale) et XO (extremely old).

L'armagnac est une eau-de-vie de vin produite en Gascogne dans le sud-ouest de la France, à partir de vins blancs provenant de trois zones de production spécifiques : le Haut-Armagnac (Armagnac blanc), la Ténarèze et le Bas-Armagnac (Armagnac noir). Si l'eau-de-vie ne porte que l'appellation « armagnac », elle est un mélange des trois types.

Calvados et applejack

Le calvados est une eau-de-vie de cidre fabriquée dans la région française de la Normandie. en Normandie, France.

L'applejack est une eau-de-vie de cidre américaine produite dans le New Jersey, d'où il tire son autre nom, le « Jersey Lightning ». Il est vendu pur ou mélangé à d'autres alcools neutres.

Eaux-de-vie de fruits

Les eaux-de-vie de fruits autres que les raisins et les pommes sont incolores, car elles ne sont pas vieillies en barrique de bois. On les élabore le plus souvent à partir de poires, de cerises et de baies tendres telles que les fraises et les framboises. Les eaux-de-vie de fruits ne sont pas sucrées et ne doivent pas être confondues avec leurs cousines sirupeuses, les liqueurs, qui ont tendance à être colorées.

Kirsh

Le kirsh est une eau-de-vie de cerise généralement classée à part des autres eaux-de-vie de fruits. C'est une spécialité de la Bavière, dans l'ouest de l'Allemagne – en allemand, le mot Kirsh signifie cerise. Gardez à l'esprit que le kirsh est incolore et qu'il n'a rien à voir avec le cherry brandy, une liqueur rouge vif, douce et sirupeuse.

Amer

Le terme « amer » ou « bitter » est associé à des alcools aromatisés aux herbes et aux racines amères. À l'instar des spiritueux, les amers apéritifs tels que le Campari se dégustent purs ou mélangés à d'autres ingrédients. Par contre, les amers concentrés sont ajoutés goutte par goutte pour rendre un mélange plus « sec », le plus connu étant l'Angostura bitters, fabriqué à la Trinité selon une recette bien gardée.

Aquavit

L'aquavit ou akvavit est un alcool de grain ou de pomme de terre aromatisé avec des épices ou des herbes odorantes, telles que des graines de carvi, du fenouil, du cumin, de l'aneth et des bigarades. Les pays scandinaves et l'Allemagne produisent les authentiques aquavits, souvent appelés schnaps ou schnapps. – Ce mot est dérivé du vieux nordique snappen qui signifie « avaler à la hâte ». Il illustre la façon traditionnelle de boire cet alcool cul sec.

liqueurs

Advocaat

L'advocaat est une liqueur hollandaise élaborée à partir d'un alcool de base et de jaunes d'œufs sucrés.

Amaretto

L'amaretto est une liqueur à base d'amandes de noyaux d'abricot. La marque la plus connue est Amaretto Disaronno.

Anisette

L'anisette est une liqueur française, sucrée et aromatisée à l'anis. La marque la plus connue est la Marie Brizard.

Irish Cream

L'irish Cream est une liqueur sucrée et crémeuse (par opposition à la crème de liqueur, voir cidessous) obtenue à partir de whiskey, de crème et de cacao. Le Bailey's est la marque de fabrique la plus connue.

Bénédictine

La Bénédictine est une liqueur vive, dorée et vieillie, fabriquée avec 75 herbes selon une recette tenue secrète.

Chartreuse

La Chartreuse est une liqueur française élaborée par des moines. On distingue la Chartreuse verte très intense, puissante et aromatique et la Chartreuse jaune, au léger goût de menthe et plus douce.

Rhum de coco

Le rhum de coco est une liqueur de rhum blanc aromatisée à la noix de coco. La marque de fabrique la plus connue est Malibu.

Crèmes

Les crèmes sont sucrées – par opposition aux alcools secs comme le whisky ou le cognac. Elles sont souvent à saveur de fruits, bien qu'on en trouve également à saveur de noix.

La crème de banane est sucrée, claire et jaune. Le Pisang Ambon est une liqueur de banane originaire d'Indonésie.

La crème de cacao est une liqueur aromatisée au chocolat, colorée en brun ou non. Elle est naturellement incolore car il ne reste aucun résidu de fèves de cacao. La crème de cacao brune a un goût moins subtil que la crème blanche.

La crème de cassis est une liqueur aromatisée aux baies de cassis.

La crème de menthe est une liqueur blanche ou verte, distillée à partir d'un concentré de feuilles de menthe. La crème de menthe blanche est plus douce que la crème de menthe verte dont la couleur provient de l'adjonction de colorant.

La crème de fraise est une liqueur aromatisée à la fraise.

La crème de framboise est une liqueur aromatisée à la framboise.

Curaçao

À l'origine, le curaçao était une liqueur de rhum blanc élaborée avec les écorces de bigarades vertes importées de l'île de Curaçao. Aujourd'hui, il est produit par plusieurs compagnies à partir d'un brandy. Le Cointreau, le Grand Marnier et la Mandarine Napoléon sont tous des types de curaçao. Le nom « triple sec » est aussi utilisé, surtout pour le fameux Cointreau; il prête cependant à confusion le curaçao n'étant pas sec mais toujours doux. Il est offert dans une variété de couleurs allant de l'incolore à l'orange, au rouge, au jaune, au vert et au bleu. Quelle que soit sa teinte, le curaçao goûte toujours l'orange et ajoute une superbe touche de couleur aux cocktails.

Galliano

Originaire d'Italie, le Galliano est une liqueur jaune paille, fabriquée selon une recette secrète qui nécessite quelque 80 herbes, racines et baies. Le Galliano goûte principalement la réglisse, l'anis et la vanille.

Kahlua et Tia Maria

Le Kahlua et le Tia Maria sont des liqueurs de café, de couleur brun foncé, provenant du Mexique (Kahlua) et de la Jamaïque (Tia Maria).

Kümmel

Le kümmel est un distillat de céréales pures – c'est en fait un type de vodka – dans lequel on fait infuser des graines de carvi, de cumin, de fenouil et d'iris pour produire une liqueur au goût anisé. Le kümmel est fabriqué en République de Lettonie, au Danemark, aux Pays-Bas et aux États-Unis.

Liqueurs de brandy

Ces liqueurs sont essentiellement le cherry brandy (cerise), l'apricot brandy (abricot) et le peach brandy (pêche, rare en magasin). Ce ne sont pas de véritables «brandys», mais des liqueurs sucrées et colorées, obtenues à partir d'une eau-de-vie de vin dans laquelle les fruits ont macéré, – par opposition à une eau-de-vie obtenue par distillation des fruits eux-mêmes.

Marasquin ou maraschino

Le marasquin est une liqueur limpide et incolore, obtenue par l'infusion de cerises pressées et la distillation de noyaux de cerises, puis mise à vieillir pendant plusieurs années. À l'origine, on utilisait les marasques (variété de petites cerises) cultivées en Dalmatie, mais lorsque cette région fut annexée à l'empire vénitien, des plantations de cerisiers marasques furent établies en Vénétie.

Liqueur de melon

La liqueur de melon est sucrée, sirupeuse et de couleur vert vif. Elle a été créée dans les années 1980 par la célèbre marque japonaise Midori.

Pastis

Le pastis est la boisson traditionnelle des pays méditerranéens, de l'Espagne à la Grèce et au-delà, où il est connu sous une variété de noms. Son aromatisant principal est la réglisse ou la graine d'anis, à quoi auquel vérifier s'ajoute un mélange d'herbes macérées dans un alcool neutre. En provençal, le mot pastis signifie «mélange», «embrouille» ou «situation trouble». Pernod et Ricard sont les marques les plus réputées. L'ouzo vient de la Grèce et la sambuca est une liqueur italienne au fort goût d'anis, d'herbes et de racines.

Southern Comfort

Le Southern Comfort est la plus grande liqueur d'Amérique. Elle est élaborée à partir de whiskey américain et de pêche, selon une recette jalousement gardée. Au cours du 19e siècle, on mélangeait volontiers du whiskey avec du jus de pêche dans les bars du sud des États-Unis. Pour une liqueur, le Southern Comfort présente un titre alcoométrique exceptionnellement élevé de 40 % vol.

vins et vins mutés

Les vins mutés sont des vins auxquels on a ajouté une eau-de-vie, généralement de vin, pour en augmenter la teneur en alcool. Les vins mutés classiques tels que **le Madère**, **le Marsala**, **le muscat** et **le muscatel** ont chacun leur propre méthode de production. À l'exception du **porto**, la majorité de ces vins sont élaborés à partir de raisin blanc. Le xérès (ou sherry) ne contient que du vin et de l'eau-de-vie de vin, alors que le vermouth et les produits apparentés contiennent un certain nombre d'aromatisants.

Vermouth

Un bar à cocktail ne saurait être digne du nom sans les fameux vermouths – les français, les italiens, les secs, les doux, les blancs (bianco), les rosés et les rouges (rosso).

Champagne

Le champagne est le seul vin utilisé dans ce livre. Il s'agit du vrai champagne fabriqué suivant la méthode champenoise, où la prise de mousse s'effectue au cours d'une seconde fermentation en bouteille et non en cuve ou par gazéification artificielle. Pour mériter son appellation, un champagne doit passer par les étapes de la méthode prescrite et être produit dans la Champagne, une région de France située à environ 160 km (100 milles) au nord-est de Paris, autour de Reims et d'Épernay.

jus et boissons gazeuses

Un bar bien assorti doit disposer de jus de fruits frais et de boissons telles que cola, limonade, ginger ale, soda tonique et eau de Seltz, ainsi que de jus de citron et de lime, de grenadine et de sirop de sucre (appelé parfois sirop de gomme).

La grenadine est un sirop tiré du jus de grenade, d'où sa riche teinte rosée. Elle ajoute une touche de couleur et un petit goût sucré à de nombreux cocktails. Après l'ouverture de la bouteille, le sirop commence à fermenter et à moisir. Gardez la bouteille dans un endroit frais. Évitez cependant de le conserver au réfrigérateur, le sucre risque de se cristalliser ou de durcir, ce qui rendrait difficile le mélange avec d'autres ingrédients.

De nombreuses boissons nécessitent un édulcorant pour compenser l'aigreur de certains jus. Le sucre granulé ne se dissout pas facilement dans les solutions froides. Il est donc plus simple et plus efficace d'utiliser un sirop de sucre ou de gomme, liquide et incolore. Pour faire un sirop de sucre ou de gomme, versez une quantité égale de sucre et d'eau dans une casserole – disons une tasse de chacun – remuez et laissez le liquide mijoter à feu très doux, jusqu'à dissolution complète du sucre. Au besoin, écumez le sirop pour le rendre limpide. Laissez le sirop refroidir puis versez-le dans une bouteille de taille pratique, facile à utiliser. Rangez la bouteille dans un endroit frais.

Pour confectionner une crème de coco, prenez un bloc dur et bien froid de pâte de noix de coco pure, et râpez-le pour casser la texture granuleuse. Dans un bol, mettez 1 cuillerée à soupe de pâte de noix de coco râpée et un peu moins de 1 cuillerée à soupe de sucre en poudre (vous pourrez en rajouter à votre goût plus tard) Mélangez-les avec un minimum d'eau chaude. Remuez jusqu'à l'obtention d'une pâte lisse et crémeuse, légèrement liquide, mais qui colle au dos de la cuillère. Lorsqu'elle a refroidi, la crème est prête à servir. Utilisez-la le jour même – n'essayez pas de la conserver, la crème se séparera, deviendra granuleuse et rancira.

les recommandations

Avant de commencer, prenez le temps de lire les présentes recommandations. Les cocktails décrits dans ce livre sont destinés aux adultes et devraient être consommés avec modération.

* La consommation responsable est la clé du plaisir, de la santé et de la sécurité – à la fois pour vous et pour les autres – surtout si vous êtes le conducteur. Si vous conduisez, ne buvez pas, et n'offrez jamais un « petit dernier pour la route ».

* Ne tolérez ou n'encouragez pas la consommation d'alcool pour un mineur. Créez de délicieux « mocktails » à base de sirops de fruits non alcoolisés – ces cocktails sans alcool sont de plus en plus populaires. Prévoyez de la nourriture pour tous vos invités.

* Ne forcez pas un invité à prendre une boisson alcoolisée.

garnitures

Certains cocktails sont agrémentés de garnitures de fruits, de pailles ou de bâtons mélangeurs. Une garniture traditionnelle est donnée pour chaque recette.

* Ne versez jamais d'alcool dans le verre d'une personne à son insu. Elle pourrait être le conducteur désigné de la soirée, être allergique à l'alcool ou en « sevrage », prendre des médicaments ou avoir des croyances religieuses qui interdisent l'alcool.

cocktails
à base de gin

Le gin tonic est considéré comme un mélange typiquement anglais. En fait, c'est en Hollande qu'on a élaboré le gin original – une eau-de-vie à base de seigle aromatisée au genièvre. Au 16e siècle, les Anglais goûtent à cette eau-de-vie pour la première fois. En 1585, les mercenaires anglais débarquent dans les bas pays pour aider les Hollandais à combattre leur suzerain espagnol, le roi Philippe II. À leur retour au pays, les soldats anglais rapportent avec eux du gin, qui est distillé en Angleterre sous le nom de « geneva ».

Au 17e siècle, l'influence hollandaise en Angleterre se renforce quand Guillaume d'Orange est proclamé roi de Grande-Bretagne et d'Irlande en 1689. Lorsque la Grande-Bretagne entre en guerre contre la France, Guillaume augmente les taxes d'importation sur les brandys et octroie à tous les habitants d'Angleterre le droit de distiller de l'alcool. Le gin commence alors à se bâtir une identité anglaise.

Le gin est composé d'un alcool neutre de céréales redistillé avec une variété d'herbes, d'épices et de fruits qui, selon la recette, comportent du genièvre, de la coriandre, de l'angélique, du gingembre, de la noix de muscade, des écorces de citron et d'orange, de la cannelle de Chine et de Ceylan, des amandes et de la racine de réglisse. La teneur en alcool du gin influe sur la saveur apportée par les aromates : plus le gin est fort, plus son goût est intense. Le Plymouth gin, fabriqué avec de l'eau du Devon, est le gin de prédilection pour le Pink Gin (cocktail de gin et d'Angostura) et il titre 57 % vol. Le London gin est un type particulier de dry gin titrant 37,5 % vol. Le sloe gin n'est pas un vrai gin mais plutôt une liqueur à base de gin dans lequel ont macéré des prunelles – les petits fruits foncés du prunellier.

Le Larios est un gin espagnol qui est fabriqué depuis 1863. Le « jenever » est un gin hollandais à base de blé, de seigle, de maïs et d'orge maltée, dont les trois principaux types sont le jonge jenever (jeune), le oude jenever (vieux) et le Korenwijn. La différence entre les jeune et vieux jenevers n'est pas leur âge mais leur composition. Le vieux jenever est élaboré selon la recette traditionnelle ; de couleur paille, il est légèrement plus doux et plus aromatique que le jeune jenever incolore. Le Korenwijn est obtenu à partir de distillats de céréales de la meilleure qualité et vieilli en fût de chêne. Le Korenwijn de Bols est mis à vieillir pendant trois ans, puis mis en bouteille dans les fameuses cruches en grès artisanales.

Le gin, dont entre autres le célèbre Martini, est l'un des alcools de base les plus utilisés dans les cocktails. La raison pour laquelle tant de cocktails ont été créés pendant la prohibition s'explique par le fait que le seul gin disponible était celui que l'on concoctait dans des alambics clandestins. Ce gin de contrebande n'avait rien en commun avec les gins de qualité supérieure vendus à l'extérieur des États-Unis. Il avait fort mauvais goût mais, une fois allongé avec des amers, des jus et d'autres alcools et liqueurs, il devenait une eau-de-vie des plus appréciées.

martini

méthode: verre à mélange **glace:** glaçons
verre: à cocktail **garniture:** olive verte et
cerise à cocktail

Il y a autant de variantes de Martini qu'il y a de barmans. Chacun a sa propre recette favorite mais, en général, la différence repose sur le degré de douceur apporté par le vermouth et la garniture. La même méthode – remuer et non secouer – s'applique aux trois recettes qui vont du plus sec au plus doux. La photo montre un Dry Martini.

ingrédients

Dry martini
6 à 8 glaçons

1 mesure de gin

1 mesure de vermouth sec

1 olive verte, pour garnir

Medium martini
6 à 8 glaçons

1 mesure de gin

1 mesure de vermouth sec

1 mesure de vermouth doux

Sweet martini
6 à 8 glaçons

1 mesure de gin

1 mesure de vermouth doux

1 cerise à cocktail, pour garnir

1 mesure de vermouth doux

méthode

Mettez les glaçons dans un verre à mélange, puis versez le gin et le vermouth. Remuez – 12 fois selon certains, 20 selon d'autres. À vous de décider – passez ensuite dans un verre à cocktail rafraîchi et ajoutez la garniture appropriée.

alexender's sister

méthode: shaker   **glace:** glaçons

verre: à cocktail

L'Alexander est un cocktail à base de brandy (voir page 119), tandis que l'Alexander's Sister – qui n'a rien à envier à son grand frère – est un cocktail crémeux à base de gin. Le goût de menthe et la couleur pâle, vert Nil, proviennent de la crème de menthe verte, une liqueur sucrée, distillée à partir de différentes variétés de menthe.

ingrédients

3 à 4 glaçons

³/₄ mesure de gin

³/₄ mesure de crème de menthe verte

³/₄ mesure de crème fraîche

méthode

Mettez les glaçons dans un shaker et versez tous les ingrédients. Frappez bien et passez dans un verre à cocktail.

suzy wong

méthode: shaker   **glace:** glaçons
verre: coupe à champagne   **garniture:** rondelle d'orange

On dit que l'empereur Napoléon a courtisé sa comédienne favorite avec une liqueur aromatisée aux agrumes. Le Suzy Wong est un cocktail à la fois fruité et sec, qui contient du gin et de la Mandarine Napoléon, un type de curaçao. Fabriquée en Belgique, cette liqueur est obtenue par la macération de mandarine d'Andalousie dans un cognac âgé.

ingrédients

1 quartier de citron, pour givrer

sucre en poudre, pour givrer

6 à 8 glaçons

$^3/_4$ mesure de jus de citron

$^3/_4$ mesure de gin

$^3/_4$ mesure de Mandarine Napoléon

champagne ou vin blanc mousseux glacé, pour compléter

$^1/_2$ rondelle d'orange, pour garnir

méthode

Frottez le bord de la coupe avec le quartier de citron, puis trempez le bord humecté dans le sucre en poudre. Mettez les glaçons dans un shaker et ajoutez tous les ingrédients, sauf le champagne ou le mousseux et la garniture. Frappez bien et passez dans la coupe. Complétez de champagne ou de mousseux et décorez avec la demi-rondelle d'orange.

empire

méthode: verre à mélange   **glace:** glaçons

verre: à cocktail   **garniture:** cerise au marasquin

Les années 1930 n'étaient pas seulement l'âge d'or du cocktail; c'était aussi celui du gratte-ciel, symbole le plus moderne de la vie urbaine. Le célèbre Empire State Building de New York, conçu par les architectes Shrev, Lamb et Harmon, a été construit entre 1930 et 1933. De ses terrasses d'observation, les visiteurs ont une vue imprenable sur la ville et peuvent admirer à loisir les joyaux d'architecture que sont les monuments de l'empire des affaires, tels que les immeubles Chrysler et Woolworth.

ingrédients

6 à 8 glaçons

1 mesure de gin

$^1/_2$ mesure de calvados ou d'applejack

$^1/_2$ mesure d'apricot brandy

1 cerise au marasquin, pour garnir

méthode

Mettez les glaçons dans un verre à mélange et ajoutez tous les ingrédients, sauf la garniture. Passez dans un verre à cocktail et garnissez avec la cerise au marasquin.

pogo stick

méthode: shaker

verre: highball ou à collins

glace: glaçons

garniture: quartier de pamplemousse

Le pogo stick (échasse à ressort), comme le cocktail du même nom, a fait fureur dans les années folles. George Hansburg l'a inventé et breveté en 1919 et, depuis, tout le monde s'est mis à sautiller. Hansburg a enseigné l'art du pogo aux artistes des Ziegfeld Follies et les danseuses de revue de l'hippodrome de New York ont même exécuté un numéro complet sur échasses.

ingrédients

6 à 8 glaçons

2 mesures de jus de pamplemousse

2 c. à thé de jus de citron

1 mesure de gin

$^3/_4$ mesure de Cointreau

$^1/_2$ quartier de pamplemousse, pour garnir

méthode

Mettez les glaçons dans un shaker et ajoutez tous les ingrédients, sauf la garniture. Frappez et passez dans un verre highball ou à collins rempli à moitié de glaçons. Garnissez avec le demi-quartier de pamplemousse.

chihuahua bite

méthode: shaker **glace:** glaçons

verre: à cocktail **garniture:** zeste de citron

L'État mexicain de Chihuahua a été nommé d'après sa capitale. L'origine exacte du nom est inconnue, bien qu'il puisse dériver de Xicuahua qui signifie « endroit sec et sablonneux ». On associe souvent le mot chihuahua à la race de chien miniature du même nom. Pourtant, Chihuaha héberge aussi le grandiose Barranca del Cobre (canyon du cuivre), un canyon spectaculaire comparable au Grand Canyon américain.

ingrédients

3 à 4 glaçons

1 mesure de lime cordial

3 mesures de gin

1 mesure de calvados ou d'applejack

1 fine lanière de zeste de citron, pour garnir

méthode

Mettez les glaçons dans un shaker et ajoutez tous les ingrédients, sauf la garniture. Frappez bien et passez dans un verre à cocktail. Pressez le zeste de citron au-dessus du verre pour en extraire l'huile, puis laissez-le tomber dans la boisson.

pink lady

méthode: shaker   **glace:** glaçons

verre: à cocktail ou coupe
         à champagne

Il y a plusieurs variations sur le thème des cocktails « Lady »,
allant du White au Pink en passant par le Blue. Le Pink Lady
original a été créé en 1912 et a été nommé d'après un
spectacle populaire de Broadway. À l'origine, il comprenait de
la crème et du blanc d'œuf.

ingrédients

grenadine, pour givrer

sucre en poudre, pour givrer

2 à 3 glaçons

$1^{1}/_{2}$ mesure de Plymouth gin

$^{1}/_{2}$ blanc d'un petit œuf

$^{1}/_{3}$ mesure de grenadine

$^{3}/_{4}$ mesure de jus de citron

méthode

Humectez de grenadine le bord d'une coupe à champagne ou d'un
verre à cocktail, puis trempez le bord dans le sucre en poudre.
Mettez les glaçons dans un shaker et ajoutez tous les ingrédients.
Frappez bien et passez dans le verre.

lemon flip

méthode: shaker   **glace:** glaçons

verre: flûte à champagne   **garniture:** rondelle de citron

Autrefois, on préparait les flips à l'aide de deux verres, en faisant passer les ingrédients d'un verre à l'autre jusqu'à l'obtention d'un mélange homogène. Les flips ont acquis leur popularité au cours des années 1690. En ce temps-là, ils étaient faits d'œuf battu, de sucre, d'épices, de rhum et de bière chaude. Aujourd'hui, ce sont des short drinks que l'on sert froids. Ils contiennent toujours du jaune d'œuf mais rassurez-vous, dans ce mélange rafraîchissant, l'œuf est en fait « cuit » par le gin et le Cointreau.

ingrédients

3 à 4 glaçons

$1^1/_2$ mesure de jus de citron

1 mesure de gin

$^3/_4$ mesure de Cointreau

1 jaune d'un petit œuf

$^1/_2$ rondelle de citron, pour garnir

méthode

Mettez les glaçons dans un shaker et ajoutez tous les autres ingrédients, sauf la garniture. Frappez bien, passez dans une flûte à champagne et décorez avec la demi-rondelle de citron.

blue lady

méthode: shaker **glace:** glaçons
verre: à cocktail **garniture:** cerise au marasquin

Le « Lady » original était le « White », un mélange de crème de menthe et de Cointreau ou de curaçao. En 1929, Harry MacElhone a remplacé la menthe par du gin et en a fait un cocktail très populaire. Dans cette version, on utilise du curaçao bleu mais le cocktail goûte toujours l'orange. Si vous préférez un mélange plus sucré, ajustez la quantité de jus de citron en fonction.

ingrédients

1 quartier de citron, pour givrer

sucre en poudre, pour givrer

3 à 4 glaçons

1 mesure de jus de citron

1 mesure de gin

1 mesure de curaçao bleu

1 cerise au marasquin, pour garnir

méthode

Frottez le bord d'un verre à cocktail bien rafraîchi avec le quartier de citron, puis trempez le bord humecté dans le sucre en poudre. Mettez les glaçons dans un shaker et ajoutez le jus de citron, le gin et le curaçao bleu. Frappez bien et passez dans le verre givré. Garnissez d'une cerise au marasquin.

singapore sling l'original

méthode: shaker   **glace:** concassée

verre: highball   **garniture:** rondelle de lime, cube d'ananas et cerise au marasquin

Le Singapore Sling, un cocktail de renommée mondiale, a été créé en 1915 par Ngiam Tong au Raffles Hotel de Singapour. À l'origine, il était destiné aux dames mais très vite, il est devenu une boisson appréciée par les deux sexes. C'était le cocktail favori des écrivains Somerset Maugham et Joseph Conrad, et de l'acteur hollywoodien Douglas Fairbanks. On ajoute parfois de l'eau de Seltz dans certaines versions modernes, mais jamais dans le cocktail original.

ingrédients

3 à 4 glaçons

1 mesure de gin

1 mesure de cherry brandy

$1/2$ mesure de Cointreau

1 mesure de jus de lime

1 mesure de jus d'ananas

1 mesure de jus d'orange

$1/4$ mesure de grenadine

1 trait d'Angostura bitters

1 c. à thé de Bénédictine

1 rondelle de lime, pour garnir

1 cube d'ananas, pour garnir

1 cerise au marasquin, pour garnir

méthode

Mettez les glaçons dans un shaker et ajoutez tous les ingrédients, sauf la Bénédictine et la garniture. Frappez bien et passez dans un verre highball rempli aux trois quarts de glace concassée. Arrosez de Bénédictine. Garnissez avec la rondelle de lime, le dé d'ananas et la cerise au marasquin, et servez avec des pailles.

million-dollar cocktail

méthode: shaker **glace:** glaçons
verre: highball ou à collins

À l'instar du Singapore Sling (voir page 32) ce cocktail a été créé par Ngiam Tong Boon, le grand barman du Raffles Hotel de Singapour. En dépit de son nom, ce cocktail ne demande pas d'ingrédients de luxe. Comme il est dit dans une chanson populaire des années 1930: «j'ai trouvé une poupée d'un million de dollars dans une boutique à cinq sous.»

ingrédients

3 à 4 glaçons

1 mesure de gin

$1/4$ mesure de vermouth doux

$1/4$ mesure de vermouth sec

4 mesures de jus d'ananas

1 trait de blanc d'œuf

1 trait d'Angostura bitters

méthode

Mettez tous les ingrédients dans un shaker et secouez énergique-ment pour faire mousser le blanc d'œuf. Passez dans un verre highball ou à collins — sur des glaçons, si vous le désirez.

blue arrow

méthode: shaker   **glace:** pilée

verre: à cocktail

Cette superbe boisson bleue remporte un vif succès dans les réceptions. Les saveurs d'agrumes du Cointreau, du lime cordial et du curaçao bleu, mariées à celles du robuste gin, forment une combinaison gagnante à tout coup. Et que dire de sa couleur bleue que l'on compare à celle de la Méditerranée par une chaude journée d'été!

ingrédients

1 bonne cuillerée de glace pilée

2 mesures de gin

1 mesure de Cointreau

1 mesure de lime cordial

1 mesure de curaçao bleu

méthode

Mettez tous les ingrédients dans un shaker et secouez vigoureusement pendant environ cinq secondes. Passez dans un verre à cocktail bien rafraîchi.

tom collins

méthode: au verre directement **glace:** glaçons
verre: highball ou à collins **garniture:** rondelle de citron

Cette boisson est souvent appelée John Collins – le premier collins aurait été créé au 18e siècle par John Collins, maître d'hôtel au Limmers Hotel de Londres. La recette originale comprenait un gin fort du type hollandais très peu populaire en Amérique. Un London gin appelé Old Tom connut un meilleur succès, d'où le nom du cocktail.

ingrédients

1 mesure de London dry gin

1 trait de sirop de sucre

jus de 1 citron

eau de Seltz glacée, pour compléter

$\frac{1}{2}$ rondelle de citron, pour garnir

méthode

Remplissez de glaçons la moitié d'un verre highball ou à collins et versez-y le gin, le sirop de sucre et le jus de citron. Remuez doucement, complétez d'eau de Seltz, et garnissez d'une demi-rondelle de citron.

Changez l'alcool et obtenez les collins suivants : Pierre Collins avec du cognac; Mike Collins avec du whiskey irlandais; Jack Collins avec du calvados ou de l'applejack; Pedro Collins avec du rhum; et Juan Collins avec de la tequila.

wedding belle

méthode: shaker   **glace:** pilée

verre: à cocktail

Au cours des dernières années, un vent de renouveau a souf-
flé sur l'univers des cocktails et de nouvelles recettes sont
venues s'ajouter aux classiques. Ce délicieux mélange comporte du Dubonnet, l'un des apéritifs français les plus connus,
dont le goût s'améliore comme un heureux mariage, doux
au début puis de plus en plus moelleux. Buvez cet agréable
cocktail à la santé de toutes les belles et des élus de leur cœur!

ingrédients

1 bonne cuillerée de glace pilée

1 mesure de gin

1 mesure de Dubonnet

$^1/_2$ mesure de cherry brandy

1 mesure de jus d'orange

méthode

Mettez tous les ingrédients dans un shaker. Frappez bien et passez
dans un verre à cocktail rafraîchi.

royal fizz

méthode: shaker **glace:** glaçons
verre: highball ou à collins

Les fizzes ont vu le jour dans les années 1890. Ils ressemblent aux collins, mais il faut toujours les secouer avant d'ajouter l'eau minérale gazeuse et n'utiliser que la moitié des glaçons pour que l'eau pétille. Au tournant du 20e siècle, on servait les fizzes le matin ou à midi comme « remontants ».

ingrédients

6 à 8 glaçons

1 1/2 mesure de gin

3/4 mesure de jus de citron

2 c. à thé de sirop de sucre

1 œuf

eau de Seltz glacée, pour compléter

méthode

Mettez 3 à 4 glaçons dans un shaker et ajoutez les autres ingrédients, sauf l'eau de Seltz. Secouez vigoureusement et passez dans un verre highball ou à collins rempli des glaçons restants. Complétez avec l'eau de Seltz.

Essayez aussi le Silver Fizz : à la place de l'œuf entier, n'utilisez que le blanc.

barfly's dream

méthode: shaker **glace:** glaçons
verre: à cocktail

En argot américain, « barfly » qualifiait autrefois une personne qui fréquente les bars et, par sous-entendu, un ivrogne. Aujourd'hui, être un pilier de bar est pris très au sérieux. Il existe même une association internationale des piliers de bar dont les membres se font reconnaître par une épinglette montrant une mouche sur un morceau de sucre. De tous les cocktails que les buveurs invétérés ont pu goûter, ce mélange épicé a sûrement été un « rêve devenu réalité » !

ingrédients

3 à 4 glaçons

1 mesure de gin

1 mesure de rhum vieux

1 mesure de jus d'ananas

méthode

Mettez tous les ingrédients dans un shaker. Frappez bien et passez dans un verre à cocktail.

take five

méthode: shaker **glace:** glaçons
verre: à cocktail **garniture:** rondelle de lime

L'expression « take five » tire sans doute son origine de l'époque de la prohibition durant laquelle, dans les speakeasies, les musiciens de jazz prenaient cinq minutes de pause entre deux prestations. Plus tard, le compositeur de jazz Dave Brubeck fit de « take five » le titre d'une œuvre mémorable qui est demeurée aussi cool et délectable que cette boisson.

ingrédients

3 à 4 glaçons

I mesure de gin

I mesure de jus de citron

$^3/_4$ mesure de sirop de sucre

2 c. à thé de jus d'orange

2 c. à thé de grenadine

I rondelle de lime, pour garnir

méthode

Frappez tous les ingrédients dans un shaker, sauf la garniture. Passez dans un verre à cocktail rafraîchi et garnissez avec la rondelle de lime.

cocktails
à base de tequila

Selon la légende, les Aztèques auraient fabriqué le pulque (le jus fermenté de l'agave) après avoir vu la foudre tomber sur l'une des plantes. Par contre, ce sont les Espagnols qui ont découvert la façon de rendre ce pulque plus fort en le distillant en eau-de-vie. Il aura fallu beaucoup de temps à la tequila pour traverser la frontière américaine. Le premier chargement a été enregistré en 1873. Plus tard, en 1916, trois tonneaux de tequila ont été ramenés du Mexique par les troupes américaines après leur lutte contre Pancho Villa qui, soit dit en passant, ne buvait jamais d'alcool. C'est au cours de la prohibition que la tequila s'est fait connaître aux États-Unis, mais ce n'est que dans les années 1950 qu'elle a commencé à avoir des adeptes. Beaucoup se contentent de la routine de dégustation d'une tequila frappée — lécher le sel, boire une rasade et mordre dans la lime. Mais des barmans audacieux et créatifs ont démontré que la tequila est tout aussi délectable dans les cocktails.

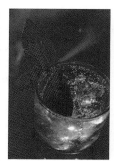

La tequila est l'eau-de-vie principale du Mexique. Elle résulte de la distillation de l'agave bleu, dans une proportion minimale de 51 % fixée par la loi — les autres 49 % sont constitués de divers types de sucres. L'agave *tequilana*, une plante de type cactus, appartient en fait à la famille des liliacées. Après une croissance de huit à dix ans, le cœur bulbeux de l'agave est récolté. Les feuilles sont retirées et le cœur est cuit à la vapeur, puis écrasé. Le jus qui en résulte est mis à fermenter, puis distillé en alcool dans un alambic à repasse.

La tequila blanco (blanche), aussi appelée silver, ne subit qu'un très court vieillissement en cuve d'acier inoxydable, c'est pourquoi elle est incolore — certaines marques de tequila blanche de moindre qualité sont colorées avec du caramel pour évoquer l'âge. Par contre, la tequila gold (dorée) doit son nom et sa couleur à un vieillissement en fût de chêne. Une tequila gold portant l'appellation « reposado » a vieilli jusqu'à six mois en foudre de chêne tandis qu'une tequila « añejo » a séjourné au moins un an — souvent deux ou trois ans et, occasionnellement, huit à dix ans — dans un fût de chêne ayant contenu du bourbon.

La loi mexicaine stipule que pour se prévaloir de l'appellation tequila, l'eau-de-vie doit avoir été fabriquée dans une zone géographique spécifique autour de la ville de Tequila. Le mezcal est une boisson similaire, mais qui est obtenue par distillation d'agaves d'une variété différente. Sa production n'est pas aussi étroitement contrôlée et la boisson n'est pas régie par les mêmes règles d'étiquetage. C'est au fond d'une bouteille de mezcal — et non de tequila — que l'on trouve traditionnellement un ver blanc.

mexican dream

méthode: shaker   **glace:** glaçons
verre: à cocktail   **garniture:** zeste de citron

Voici un cocktail très acidulé et fruité à base de tequila et de brandy. Pour obtenir un mélange à saveur sud-américaine, optez pour le pisco, un brandy fabriqué au Pérou et au Chili à partir des restes de raisins de muscat fermentés après leur passage au pressoir.

ingrédients

3 à 4 glaçons
$^3/_4$ mesure de tequila
$^3/_4$ mesure de pisco (ou brandy)
$^3/_4$ mesure de jus de citron
1 fine lanière de zeste de citron, pour garnir

méthode

Mettez les glaçons dans un shaker et ajoutez tous les ingrédients, sauf la garniture. Frappez et passez dans un verre à cocktail. Pressez le zeste de citron au-dessus du verre pour en extraire l'huile, puis laissez-le tomber dans la boisson.

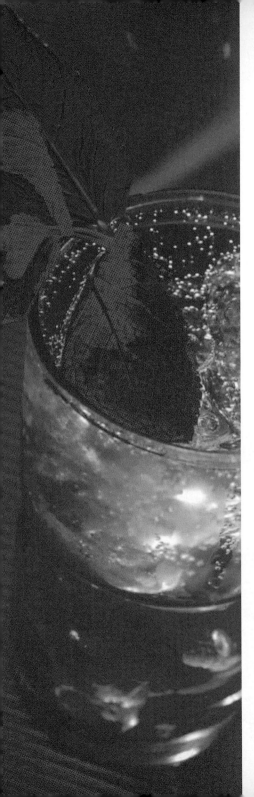

mexican mockingbird

méthode: shaker   **glace:** glaçons
verre: highball ou à collins   **garniture:** brin de menthe

Cette boisson rafraîchissante est apparentée aux fizzes de la fin du 19e siècle, sauf qu'elle contient de la tequila. Certaines liqueurs, telles la Bénédictine et la Chartreuse, ont été élaborées il y a fort longtemps par les saints hommes de notre terre; la tequila, selon la légende aztèque, aurait été créée par les dieux lorsqu'ils ont envoyé un éclair sur un agave.

ingrédients

6 à 8 glaçons

1$^1/_2$ mesure de tequila

$^3/_4$ mesure de crème de menthe verte

2 c. à thé de jus de lime

eau de Seltz glacée, pour compléter

1 brin de menthe, pour garnir

méthode

Mettez tous les ingrédients dans un shaker, sauf l'eau de Seltz et la garniture. Frappez et passez dans un grand verre rempli à moitié de glaçons. Complétez avec l'eau de Seltz et remuez brièvement. Garnissez avec le brin de menthe.

midori margarita

méthode: shaker **glace:** glaçons
verre: coupe à champagne **garniture:** quartier de lime

C'est l'actrice Marjorie King qui a inspiré la création du Margarita, en 1948, au Rancho del Gloria, le restaurant de Danny Herrera situé près de Tijuana, au Nouveau-Mexique. Aujourd'hui, il y a des douzaines de variantes, dont les Blue Margarita, Galliano Margarita et Golden Margarita, et des Margaritas aux fruits glacés, servis sur glace pilée. Tous ces cocktails ont en commun la tequila et le fameux givrage salé ou sucré sur le bord du verre. Ici, on utilise du Midori, une liqueur de melon japonaise vert vif.

ingrédients

jus de citron, pour givrer

sel, pour givrer

3 à 4 glaçons

1 mesure de tequila blanco ou silver

1 c. à thé de jus de lime

1 mesure de Midori

1 quartier de lime, pour garnir

méthode

Rafraîchissez une coupe à champagne. Humectez le bord du verre avec le jus de citron puis trempez-le dans le sel. Mettez les glaçons dans un shaker et ajoutez la tequila, le jus de lime et le Midori. Frappez, passez dans la coupe givrée et garnissez d'un quartier de lime.

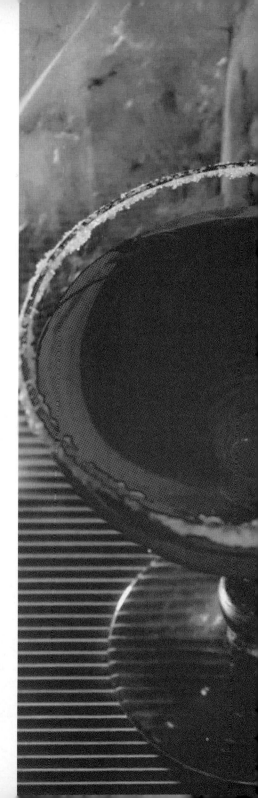

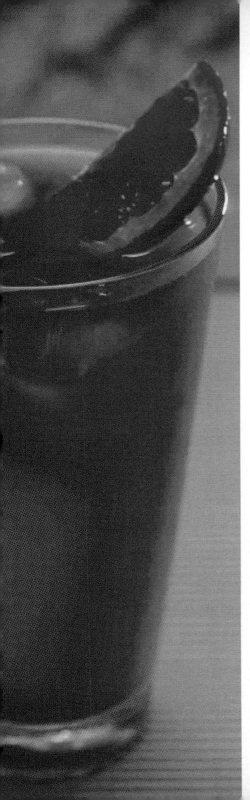

harvey floor-walker

méthode: au verre directement **glace:** glaçons
verre: highball ou à collins

Harvey est un nom connu dans le monde des boissons.
D'abord, il y a la compagnie Harvey's of Bristol, le distribu-
teur du fameux Harvey's Bristol Cream, un sherry oloroso de
qualité. Ensuite, il y a ce surfeur californien surnommé Harvey
Wallbanger. Plus récemment, ce mélange tequila-rhum créé
par Reece Clark du bar situé au 5e étage du grand magasin
Harvey Nichols de Londres a contribué à alimenter la célé-
brité du nom.

ingrédients

3 à 4 glaçons

$1\frac{1}{2}$ mesure de tequila gold

$\frac{3}{4}$ mesure de rhum ambré

1 c. à thé de curaçao bleu

$1\frac{1}{2}$ mesure de jus d'orange glacé

méthode

Mettez les glaçons dans un grand verre highball ou à collins. Versez
la tequila, le rhum et le curaçao bleu, et ajoutez doucement le jus
d'orange glacé.

icebreaker

méthode: mixeur   **glace:** pilée

verre: à whisky

Cette boisson fruitée et rafraîchissante ressemble un peu à un Daïquiri (voir page 82) et un peu à un Margarita glacé. La douceur du Cointreau est agréablement contrebalancée par le jus de pamplemousse. Vous aurez besoin d'un mixeur pour préparer cette boisson qui en vaut bien la peine.

ingrédients

2 bonnes cuillerées de glace pilée

2 mesures de tequila

2 c. à thé de Cointreau

2 mesures de jus de pamplemousse

1 c. à thé de grenadine

méthode

Mettez la glace pilée dans un mixeur et versez la tequila, le Cointreau, le jus de pamplemousse et la grenadine. Mélangez à la plus basse vitesse pendant 15 secondes, puis passez dans un verre à whisky et servez aussitôt.

frozen matador

méthode: mixeur
verre: à whisky

glace: pilée
garniture: morceau d'ananas et feuilles de menthe

Ce mélange mousseux et glacé évoque les boissons rafraîchissantes offertes au Mexique par les vendeurs ambulants, telles que les innombrables jus de fruits (*jugos*), les boissons frappées (*liquados*) et les eaux aromatisées (*aquas frescas*). Le mélange de glace pilée, de tequila et de jus d'ananas est facile à préparer en quantité dans un mixeur et constitue une excellente boisson d'été.

ingrédients

2 bonnes cuillerées de glace pilée

1 trait de jus de lime

1 mesure de jus d'ananas

1 mesure de tequila

2 glaçons

1 morceau d'ananas, pour garnir

2 à 3 feuilles de menthe, pour garnir

méthode

Mettez la glace pilée dans un mixeur et versez le jus de lime, le jus d'ananas et la tequila. Mélangez jusqu'à consistance mousseuse et passez dans un verre à whisky contenant deux glaçons. Garnissez d'une tranche d'ananas et de feuilles de menthe.

earthquake

méthode: mixeur   **glace:** pilée

verre: à cocktail   **garniture:** fraises et rondelle d'orange

Les cocktails à la tequila ne cessent d'évoluer sur le thème du Margarita créé en 1948 par Danny Herrera pour l'actrice Marjorie King. Cette magnifique version toute rose et glacée se passe du traditionnel givrage salé. Cela dit, elle se présente non pas avec une, mais deux fraises. Elle est facile à préparer au mixeur – même en grande quantité – ce qui fait d'elle une boisson parfaite pour les soirées.

ingrédients

2 bonnes cuillerées de glace pilée

1 ¹/₂ mesure de tequila

1 c. à thé de grenadine

2 traits de Cointreau

2 fraises, pour garnir

1 rondelle d'orange, pour garnir

méthode

Mettez la glace dans le mixeur et ajoutez la tequila, la grenadine et le Cointreau. Mélangez à haute vitesse pendant 15 secondes et versez dans un verre à cocktail. Garnissez de deux fraises et d'une rondelle d'orange.

acapulco

méthode: shaker
verre: à cocktail

glace: glaçons
garniture: rondelle d'orange et
cerise au marasquin

Ce cocktail aromatisé à la noix de coco et au café tire son nom d'un hôtel mexicain connu dans le monde entier. Il contient l'autre boisson célèbre du Mexique, la liqueur de café Kahlua, et de la crème de coco très facile à faire soi-même (voir page 21).

ingrédients

3 à 4 glaçons

1 mesure de tequila gold

1 mesure de kahlua

$^2/_3$ mesure de rhum vieux

$^1/_2$ mesure de crème de coco

1 rondelle d'orange, pour garnir

1 cerise au marasquin, pour garnir

méthode

Secouez vivement tous les ingrédients dans un shaker, sauf la garniture, puis passez dans un verre à cocktail. Garnissez d'une rondelle d'orange et d'une cerise au marasquin.

carabinieri

méthode: shaker   **glace:** pilée

verre: à collins   **garniture:** rondelle de lime et cerises
au marasquin rouge et verte

Le Carabinieri, un magnifique cocktail originaire du Canada,
a été créé par Francisco Pedroche, du Hyatt Regency Hotel
de Toronto. Il marie agréablement les saveurs de l'Ancien
Monde à celles du Nouveau.

ingrédients

3 à 4 glaçons

1 mesure de tequila

$^3/_4$ mesure de Galliano

$^1/_2$ mesure de Cointreau

1 c. à thé de lime cordial

1 jaune d'œuf

1 rondelle de lime, pour garnir

1 cerise au marasquin rouge et 1 verte, pour garnir

1 cuillerée de glace pilée

méthode

Mettez les glaçons dans un shaker et ajoutez les autres ingrédients,
sauf la garniture et la glace pilée. Frappez bien et passez dans un
verre à collins contenant la glace pilée. Garnissez avec la rondelle
de lime et les cerises.

buttock-clencher

méthode: shaker   **glace:** glaçons

verre: highball   **garniture:** cube d'ananas et cerise au marasquin

Beaucoup de cocktails modernes portent des noms osés ou évocateurs, comme c'était le cas de nombreux classiques des années 1920 et 1930. À l'époque, la mention d'un «Maiden Kiss» (baiser de jeune fille) ou de «Between the Sheets» (entre les draps) suffisait à faire rougir plus d'une joue! À New York, dans les années 1930, la célèbre création française «Bloody Mary» (Marie sanglante) fut appelée pendant un temps «Red Snapper» (vivaneau rouge) en raison de son nom original qui sonnait agressif!

ingrédients

6 à 8 glaçons

1 mesure de tequila silver

1 mesure de gin

$1/_4$ mesure de liqueur de melon

2 mesures de jus d'ananas

2 mesures de limonade glacée

1 cube d'ananas, pour garnir

1 cerise au marasquin, pour garnir

méthode

Mettez 3 à 4 glaçons dans un shaker et ajoutez la tequila, le gin, la liqueur de melon et le jus d'ananas. Frappez bien et passez dans un verre highball à moitié rempli de glaçons. Complétez de limonade glacée et garnissez d'un cube d'ananas et d'une cerise au marasquin enfilés sur un pique à cocktail.

ridley

méthode: verre à mélange   **glace:** pilée
verre: coupe à champagne   **garniture:** rondelle d'orange et
   cerise au marasquin

Ce cocktail subtil et anisé a été créé en 1960 au Dukes Hotel de Londres. Le goût d'anis, teinté d'un soupçon de vanille, est attribuable au Galliano, cette liqueur jaune paille originaire de la région italienne de la Lombardie. Le Galliano tire son nom du major Giuseppe Galliano qui, dans les années 1890, a été forcé à se rendre au bout du siège de 44 jours de Fort Enda, lors de la campagne menée par l'Italie pour conquérir l'Éthiopie, en Afrique du Nord. L'événement est dépeint sur l'étiquette de la grande bouteille.

ingrédients

3 à 4 glaçons

1 mesure de tequila gold

1 mesure de gin

1 cuillerée de glace pilée

1 c. à thé de Galliano

$^1/_2$ rondelle d'orange, pour garnir

1 cerise au marasquin, pour garnir

méthode

Mettez les glaçons dans un verre à mélange et ajoutez la tequila et le gin. Remuez bien et passez dans une coupe de champagne remplie de glace pilée. Arrosez de Galliano. Garnissez d'une demi-rondelle d'orange et accrochez une cerise au marasquin sur le bord du verre.

toreador

méthode: shaker   **glace:** glaçons

verre: à cocktail   **garniture:** crème fouettée et
                                                            poudre de cacao

Tandis que les dieux de l'Ancien Monde se délectaient d'ambroisie et de nectar – un jus de fruits n'ayant sans doute jamais fermenté en alcool – les dieux aztèques du Nouveau Monde festoyaient à coup de tequila et de chocolat! Joignez-vous à la fête! Cette onctueuse boisson fera un formidable dessert (pour adultes).

ingrédients

3 à 4 glaçons

1 mesure de tequila

2 c. à thé de crème de cacao brune

2 c. à thé de crème fraîche liquide

1 bonne cuillerée de crème fouettée, pour garnir

poudre de cacao, pour saupoudrer

méthode

Mettez les glaçons dans un shaker et ajoutez la tequila, la crème de cacao et la crème fraîche. Secouez fermement et passez dans un verre à cocktail. Nappez de crème fouettée et saupoudrez généreusement de poudre de cacao.

la conga

méthode: au verre directement **glace:** glaçons

verre: à whisky **garniture:** quartier de citron

Cette boisson à base de tequila mexicaine porte le nom d'une danse cubaine. La conga est une danse d'une telle simplicité – trois pas en avant et un coup de pied sur le côté – que même le fêtard le plus éméché peut s'y adonner, et c'est ce qui lui vaut son succès. Ce cocktail fruité, tonique et rafraîchissant offre un moyen parfait de décompresser.

ingrédients

6 à 8 glaçons

2 c. à thé de jus d'ananas

2 traits d'Angostura bitters

1 ¹/₂ mesure de tequila

eau de Seltz glacée, pour compléter

1 quartier de citron, pour garnir

méthode

Remplissez un verre à whisky à moitié de glaçons, puis ajoutez le jus d'ananas, l'Angostura et la tequila. Remuez doucement, complétez d'eau de Seltz et garnissez d'un quartier de citron.

golden volcano

méthode: shaker **glace:** glaçons

verre: à cocktail **garniture:** cerise au marasquin

La tequila est fabriquée près de Guadalajara, dans la province de Jalisco au Mexique. On en trouve surtout, dans la ville située au pied du volcan heureusement endormi, qui a inspiré le nom du cocktail. Il n'est donc pas surprenant que le barman primé Max Davies ait créé une boisson rappelant les origines volcaniques de la tequila.

ingrédients

3 à 4 glaçons

2 c. à thé de jus de lime

2 c. à thé de jus d'orange

1 c. à thé de triple sec

2 c. à thé de crème fraîche liquide

$^1/_2$ mesure de tequila

$^1/_2$ mesure de Galliano

1 cerise au marasquin, pour garnir

méthode

Mettez les glaçons dans un shaker et ajoutez le jus de lime, le jus d'orange, le triple sec, la crème, la tequila et le Galliano. Frappez bien et passez dans un verre à cocktail. Garnissez d'une cerise au marasquin perchée sur le bord du verre.

tornado

méthode: shaker
verre: coupe à champagne
glace: glaçons
garniture: copeaux de chocolat

Il existe de nombreuses versions du Tornado. Comme les vents tournants, il n'y a pas deux versions pareilles et certaines sont plus dévastatrices que d'autres – l'une d'elles contient du schnaps! La version tequila et chocolat semble inoffensive, mais prenez garde, c'est peut-être le calme avant la tempête. Oseriez-vous défier Éole?

ingrédients

3 à 4 glaçons

2 mesures de tequila silver

1 mesure de crème de cacao blanche

1 mesure de crème fraîche épaisse

copeaux de chocolat, pour garnir

méthode

Mettez les glaçons dans un shaker et ajoutez tous les ingrédients, sauf la garniture. Frappez bien puis passez dans une coupe à champagne. Parsemez de copeaux de chocolat – s'il vous en reste!

last chance

méthode: shaker **glace:** concassée
verre: à whisky **garniture:** quartier de lime

L'acidité et l'amertume de la lime et de la tequila sont parfaitement contrebalancées par le miel et l'apricot brandy — pas le vrai brandy distillé à partir du fruit, mais une liqueur de fruit obtenue par l'infusion de fruits dans un alcool de base, généralement du brandy.

ingrédients

2 bonnes cuillerées de glace concassée

$1^3/_4$ mesure de tequila gold

$^1/_4$ mesure d'apricot brandy

I mesure de jus de lime

I c. à thé de miel

I quartier de lime, pour garnir

méthode

Mettez la glace concassée dans un shaker et ajoutez les autres ingrédients, sauf la garniture. Frappez bien et versez sans passer dans un verre à whisky. Ajoutez le quartier de lime.

cocktails
à base de vodka

La vodka pure est un alcool au goût neutre, clair et incolore. Elle est obtenue par distillation d'un mélange de céréales, principalement de blé ou d'orge (en Russie, en Suède et en Finlande) et parfois de seigle. En Pologne, elle est élaborée à partir de pommes de terre, comme la Luksusowa et la Cracovia. En dehors des pays slaves, d'autres vodkas sont fabriquées à partir d'une variété de matières premières, allant de la betterave en Turquie à la mélasse en Grande-Bretagne.

La vodka est l'eau-de-vie la plus vendue dans le monde. Elle a été créée à l'origine par les Slaves en quête d'un alcool très fort, capable de résister au gel (l'alcool gèle à une température plus basse que l'eau). La Polish Pure Spirit titre 80 pour cent d'alcool par volume et la Spirytus Rektyfikowany (alcool rectifié) en titre 95 pour cent. Les vodkas neutres (non aromatisées) les plus courantes sont moins fortes (ex. : les vodkas produites par Smirnoff et celles originaires de la ville ukrainienne de Lvov, autrefois polonaise).

Les vodkas non aromatisées se prêtent parfaitement aux boissons mélangées – la vodka est l'ingrédient principal du Sea breeze (voir page 72), du Bloody Mary (voir page 61) et du Screwdriver (voir page 60). Cependant, les vodkas aromatisées ont beaucoup gagné en popularité. Au milieu du 19e siècle, en Pologne et en Russie, plus d'une centaine de types de vodkas aux plantes et aux fruits étaient disponibles, y compris la Zmijowka et la fameuse Zubrowka. La fabrication de la Zmijowka, qui n'est plus exploitée commercialement, impliquait la macération d'une vipère dans la vodka pendant plusieurs semaines – soudainement, le ver blanc qui dort au fond d'une bouteille de mezcal semble bien petit et inoffensif !

La Zubrowka est une vodka aromatisée à l'herbe de bison, une herbe sauvage dont se nourrissent les bisons d'Europe qui errent dans la forêt de Bialoweiza, située à l'est de la Pologne. Chaque bouteille contient un brin de cette herbe sauvage. Les vodkas aromatisées à la cerise, au citron (et à la lime) et au poivre sont aussi populaires.

Selon un vieux dicton russe, on ne boit la vodka que si l'on a une raison, et si l'on a une bouteille, on trouvera une raison. Si vous avez toujours du mal à trouver une raison de boire la vodka, essayez les recettes qui suivent. Refroidissez bien votre vodka avant de l'utiliser. Compte tenu de leur haute teneur en alcool, les vodkas non aromatisées peuvent être mises au congélateur sans risque de geler.

kangaroo & vodkatini

méthode : verre à mélange   **glace:** glaçons

verre: à cocktail   **garniture:** zeste de citron
ou olive

Ces deux cocktails sont des variations sur le thème du Martini. Ils ont tous deux les mêmes ingrédients et ils sont remués, plutôt que secoués. Le Kangaroo et le Vodkatini ne se différencient que par leur garniture. Les deux sont montrés sur la photo.

ingrédients

3 à 4 glaçons

$^3/_4$ mesure de vermouth sec

$1^1/_2$ mesure de vodka

1 fine lanière de zeste de citron ou 1 olive, pour garnir

méthode

Mettez les glaçons dans un verre à mélange et ajoutez le vermouth sec et la vodka. Remuez et passez dans un verre à cocktail rafraîchi. Pour un Kangaroo, pressez le zeste de citron au-dessus de la boisson pour en extraire l'huile, puis laissez-le tomber dans le verre. Pour un Vodkatini, ajoutez une olive sur un pique à cocktail.

rose of warsaw

méthode: verre à mélange   **glace:** glaçons

verre : à cocktail

Malgré son nom aux consonances polonaises (Rose de Varsovie), ce cocktail vient de Paris. C'est toutefois une excellente occasion pour utiliser une vodka fine polonaise, comme la Wyborowa, et une bonne liqueur de cerise slave, comme la Wisniak.

ingrédients

3 à 4 glaçons

1 $^1/_2$ mesure de vodka polonaise

1 mesure de liqueur de cerise (Wisniak, Cherry Heering, Luxardo ou marasquin)

$^1/_2$ mesure de Cointreau

1 trait d'Angostura bitters

méthode

Mettez les glaçons dans un verre à mélange et ajoutez tous les ingrédients. Remuez et passez dans un verre à cocktail rafraîchi.

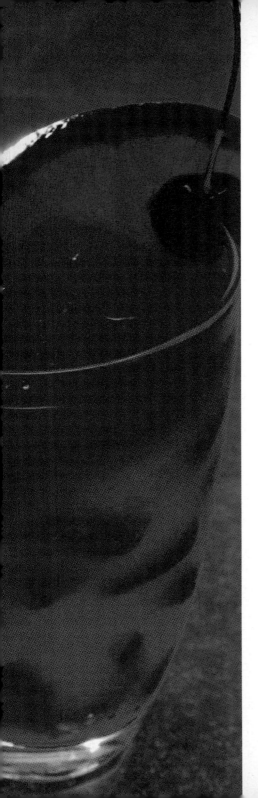

screwdriver

méthode: au verre directement **glace:** glaçons
verre: highball **garniture:** rondelle d'orange et
cerise au marasquin

Le Screwdriver (tournevis) n'est devenu célèbre que dans les années 1950. Selon la légende, son nom viendrait d'un pétrolier américain qui, en service en Iraq, mélangeait sa boisson avec un tournevis. Selon une autre version donnée par N. E. Beveridge dans *Cups of Valor*, les US Marines stationnés en 1945 à Teintsin, dans le nord-est de la Chine, se faisaient des « Screwdriver Gin » qu'ils remuaient avec un tournevis de 46 cm (18 po).

ingrédients

glaçons

$4\frac{1}{2}$ mesures de jus d'orange

2 mesures de vodka

$\frac{1}{2}$ rondelle d'orange, pour garnir

1 cerise au marasquin, pour garnir

1 tournevis (facultatif)

méthode

Remplissez un verre highball de glaçons à moitié, puis ajoutez le jus d'orange et la vodka. Remuez – utilisez un tournevis si vous le désirez – et garnissez d'une demi-rondelle d'orange et d'une cerise au marasquin.

Ajoutez 1 demi-mesure de curaçao bleu au Screwdriver et vous aurez un Green Eyes. Remplacez la vodka par du rhum blanc et vous obtiendrez un Rumscrew. Utilisez 1 mesure de vodka et 1 mesure de sloe gin et vous aurez un Slow Screw. Des mesures égales de vodka et de Wild Turkey donnent un Wild Screw. Ajoutez 3 mesures de 7Up au Screwdriver et attendez-vous à un Screw-Up.

bloody mary

méthode: shaker **glace:** glaçons
verre: coupe ou grand verre a vin **garniture:** branche de céleri

Même si la combinaison de jus de tomate et de vodka était alors déjà très courante pour les apéritifs, ce n'est qu'en 1921 que le mélange fut nommé, par Fernand « Pete » Petiot du Harry's Bar de Paris. Selon certaines sources, la boisson épicée aurait été nommée d'après Mary Pickford, la célèbre actrice de l'époque. En 1933, Petiot alla à New York, sur l'invitation de John Astor du St. Regis Hotel, où il devint enu le maître d'hôtel du King Cole Grill.

ingrédients

glaçons
2 mesures de vodka
5 mesures de jus de tomate
$1/2$ c. à thé de jus de citron
2 traits de sauce Worcestershire
4 gouttes de Tabasco
1 pincée de sel de céleri
1 pincée de poivre noir
1 branche de céleri, pour garnir

méthode

Mettez quelques glaçons dans un shaker et ajoutez la vodka, le jus de tomate et l'assaisonnement. Frappez bien et passez dans une coupe ou un grand verre à vin – avec des glaçons si vous le désirez. Garnissez d'une branche de céleri.

Si vous ajoutez 1 mesure de tequila gold, vous obtiendrez un Deadly Mary, mais si vous remplacez la vodka par la tequila, vous aurez un Bloody Maria !

russian night

Une foule de cocktails à base de vodka comportent les mots « Russia » ou « Russian » dans leur nom, même si la vodka utilisée n'est pas russe. La vodka Sibiriskaya, de la Sibérie, est faite à partir de blé et présente des soupçons d'anis et de réglisse. Dans cette boisson, le soupçon d'anis est restitué dans l'alcool neutre (qui n'a ni arôme, ni goût) par l'addition d'un trait de Pernod.

ingrédients

3 à 4 glaçons

$1^1/_2$ mesure de vodka

2 c. à thé de curaçao bleu

1 trait de Pernod

1 cerise au marasquin, pour garnir

méthode

Mettez les glaçons dans un shaker et ajoutez tous les ingrédients, sauf la garniture. Frappez et passez dans un verre à cocktail rafraîchi. Garnissez d'une cerise au marasquin.

sex on the beach

méthode: shaker   **glace:** glaçons

verre: à whisky

Cette boisson extrêmement populaire comporte du schnaps
aux pêches, ou une liqueur de pêche, que l'on appelle cordial
aux États-Unis. On peut la servir de deux façons : frappée
et passée sur glace concassée ou, avec une quantité moindre,
frappée et servie sans glace, comme un shooter.

ingrédients

8 à 10 glaçons

1 mesure de vodka

1 mesure de schnaps aux pêches (ou liqueur de pêche)

2 mesures de jus de canneberge

2 mesures de jus d'orange

méthode

Mettez 3 à 4 glaçons dans un shaker et ajoutez la vodka, le schnaps
aux pêches et les jus. Frappez et passez dans un verre à whisky
rempli à moitié de glaçons.

Omettez le jus de canneberge et vous dégusterez un Fuzzy Navel.

operation recoverer

méthode : verre à mélange   **glace:** glaçons

verre: à cocktail (sans glace)
ou à whisky

L'aromatisation de la vodka est une pratique qui remonte à la création de l'eau-de-vie elle-même. Au 19e siècle, déjà plus d'une centaine de variétés étaient disponibles en Pologne et en Russie. De nos jours, les vodkas aromatisées aux agrumes sont les plus populaires. Voici une belle façon de déguster la vodka citron. Vous pouvez servir cette boisson sans glace (straight up) ou sur glace concassée, avec la garniture de votre choix. Vous verrez, c'est un petit remontant qui remet vite d'aplomb !

ingrédients

3 à 4 glaçons

1 mesure de vodka citron

1 mesure de schnaps aux pêches (ou liqueur à la pêche)

2 mesures de jus de mandarine

1 c. à thé de grenadine

fruits au choix, pour garnir

méthode

Frappez tous les ingrédients dans un shaker. Passez dans un verre à cocktail et servez sans glace — ou passez dans un verre à whisky rempli à moitié de glace concassée. Garnissez de fruits et d'une paille courte.

harvey wallbanger

méthode : au verre directement   **glace:** glaçons
verre: highball   **garniture:** rondelle d'orange

Le Harvey Wallbanger aurait été nommé d'après un surfer californien qui, après avoir perdu un important concours de surf, aurait noyé sa déception dans un, puis plusieurs Screwdrivers agrémentés de Galliano. Après s'être bien consolé, Harvey aurait trébuché et se serait cogné contre un mur. Ainsi serait née la légende.

ingrédients

3 à 4 glaçons

5 mesures de jus d'orange

2 mesures de vodka

? mesure de Galliano

1 rondelle d'orange, pour garnir

méthode

Mettez les glaçons dans un verre highball et ajoutez le jus d'orange et la vodka. Arrosez de Galliano et garnissez d'une rondelle d'orange.

Remplacez la vodka par de la tequila gold et obtenez un Freddy Fudpucker.

absolut angel

méthode : au verre directement **glace:** glaçons
verre: à cocktail **garniture:** noix de muscade
rậpée

Cette recette divine, que l'on doit aux fabricants de la vodka Absolut, comporte de la crème de cacao et du schnaps aux pommes. Selon Ian Wisniewski, une des grandes autorités dans le domaine des spiritueux au Royaume-Uni, les « soirées schnaps » australiennes s'accompagnent souvent d'une chanson à boire qui comprend la phrase : « Schnaps fut son dernier mot, puis les anges l'emportèrent avec eux! »

ingrédients

3 à 4 glaçons

$^1/_2$ mesure de schnaps aux pommes

1 mesure de vodka Absolut

$^1/_2$ c. à thé de crème de cacao blanche

1 mesure de crème fraîche épaisse

noix de muscade râpée, pour saupoudrer

méthode

Mettez les glaçons dans un shaker et versez le schnaps aux pommes et la vodka Absolut. Ajoutez ensuite la crème de cacao et la crème fraîche. Secouez vigoureusement et passez dans un verre à cocktail. Saupoudrez d'un peu de noix de muscade râpée.

slow, comfortable screw

méthode : au verre directement **glace:** concassée et glaçons
verre: highball ou à collins **garniture:** cerise au marasquin

Voici l'un de ces cocktails populaires que tout le monde connaît sans savoir ce qu'il y a vraiment dedans. « Slow » représente le sloe gin, « Comfortable » signifie Southern Comfort et « Screw » vient du Screwdriver (vodka et jus d'orange).

ingrédients

3 à 4 glaçons

1 mesure de vodka

$^3/_4$ mesure de Southern Comfort

$^3/_4$ mesure de sloe gin

5 mesures de jus d'orange

1 bonne cuillerée de glace concassée

1 cerise au marasquin, pour garnir

méthode

Mettez les glaçons dans un shaker et ajoutez la vodka, le Southern Comfort, le sloe gin et le jus d'orange. Frappez et passez dans un verre highball ou à collins rempli à moitié de glace concassée. Garnissez d'une cerise au marasquin et dégustez à la paille.

Envie d'un Slow, Comfortable Screw Up Against the Wall ? Alors arrosez simplement le dessus d'une demi-mesure de Galliano.

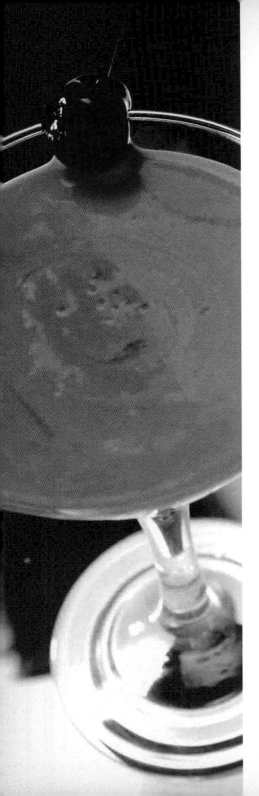

tête d'armée

méthode: shaker   **glace:** glaçons
verre: à cocktail   **garniture:** cerise au marasquin

Ce cocktail porte un nom français qui évoque un passé dans l'histoire des cocktails. Cependant, les ingrédients qu'il contient trahissent ses origines contemporaines. En effet, le Midori, la liqueur de melon vert vif originaire du Japon, est une création récente qui compte de nombreux adeptes dans les rangs des amateurs de cocktails. Joignez-vous à eux et amusez-vous à créer des motifs artistiques avec le curaçao bleu.

ingrédients

3 à 4 glaçons

1 mesure de vodka

1 $1/_2$ mesure de Midori

1 mesure de jus d'orange

1 mesure de crème fraîche épaisse

1 c. à thé de curaçao bleu

1 cerise au marasquin, pour garnir

méthode

Mettez tous les ingrédients dans un shaker, sauf le curaçao bleu et la garniture. Frappez et passez dans un verre à cocktail. Ajoutez le curaçao bleu – sans le mélanger à la boisson – et garnissez avec la cerise au marasquin.

red square

méthode: shaker **glace:** glaçons

verre: à cocktail **garniture:** cerise au marasquin

L'adjectif « red » (rouge) qualifie plusieurs cocktails modernes à base de vodka. Dans le Red Square, la vodka évoque la Russie et la grenadine (sirop de grenade), la fameuse place Rouge de Moscou. La crème de cacao, le troisième ingrédient principal, ajoute une note délicieusement chocolatée.

ingrédients

6 à 8 glaçons

$^3/_4$ mesure de vodka

$^3/_4$ mesure de crème de cacao blanche

2 c. à thé de jus de citron

$1^1/_2$ mesure de grenadine

1 cerise au marasquin, pour garnir

méthode

Remplissez un shaker à moitié de glaçons et ajoutez tous les ingrédients, sauf la garniture. Frappez et passez dans un verre à cocktail. Accrochez la cerise au marasquin sur le bord du verre.

vodka silver fizz

méthode: shaker   **glace:** glaçons
verre: highball ou à collins

La famille de cocktails des fizzes existe depuis le 19e siècle. On sert ces boissons dans un grand verre rempli pas plus qu'à moitié de glaçons, de façon à ce que l'eau de Seltz glacée puisse bien mousser et pétiller. L'ajout d'un blanc d'œuf confère à ce fizz une couleur argentée qui lui vaut son nom de « Silver Fizz ». L'œuf est « cuit » par la vodka mais ne goûte rien. C'est un long drink rafraîchissant, au goût fruité et légèrement amer, idéal pour les journées d'été.

ingrédients

10 à 12 glaçons

2 mesures de vodka

1 mesure de jus de citron

$^3/_4$ mesure de sirop de sucre

1 blanc d'œuf

eau de seltz glacée, pour compléter

méthode

Remplissez un shaker à moitié de glaçons et ajoutez tous les ingrédients, sauf l'eau de Seltz. Secouez énergiquement pour faire mousser le blanc d'œuf. Passez dans un verre highball ou à collins rempli à moitié de glaçons et complétez d'eau de Seltz glacée.

blue lagoon

méthode: au verre directement   **glace:** glaçons
verre: highball ou à collins   **garniture:** rondelle de citron

À part quelques baies, peu de nourriture ou de boissons sont naturellement bleues. Le curaçao bleu est une liqueur douce aromatisée à l'orange, obtenue par l'infusion d'écorces d'orange dans un alcool. Il goûte exactement la même chose que le curaçao blanc (triple sec) et ses cousins rouge, vert, orange et jaune, mais il confère aux boissons une magnifique couleur tropicale.

ingrédients

3 à 4 glaçons

$^3/_4$ mesure de curaçao bleu

1 c. à thé de jus de citron

$1^1/_2$ mesure de vodka

limonade glacée, pour compléter

1 rondelle de citron, pour garnir

méthode

Mettez les glaçons dans un verre highball ou à collins et ajoutez le curaçao bleu, le jus de citron et la vodka. Complétez de limonade glacée et remuez brièvement. Accrochez une rondelle de citron sur le bord du verre et servez avec une paille.

sea breeze

méthode: shaker **glace:** concassée
verre: highball **garniture:** quartier de citron

Cette boisson fruitée très populaire est devenue un classique
moderne. C'est un cocktail assez sec – c'est-à-dire, pas trop
sucré – qui doit sa jolie couleur au jus de canneberge. Les
canneberges, ces petites baies rouges, sont les seuls fruits
dont on mesure l'état de maturation en les faisant rebondir
par-dessus une barrière de 13 cm de haut (5 po); ceux qui
réussissent sont parfaits, les autres sont recalés !

ingrédients

1 bonne cuillerée de glace concassée

2 mesures de jus de pamplemousse

3 mesures de jus de canneberge

1 1/2 mesure de vodka

1 quartier de citron, pour garnir

méthode

Mettez la glace concassée dans un shaker et ajoutez les jus et la
vodka. Frappez et versez sans passer dans un verre highball. Finalement, garnissez d'un quartier de citron.

Remplacez le jus de pamplemousse par du jus d'ananas et offrez-
vous un Bay Breeze.

red russian

méthode: shaker **glace:** concassée
verre: à whisky

Les « Russians » sont nombreux. Il y a un Black Russian (Russe noir), un White Russian (Russe blanc) et même un Blushing Russian (Russe rougissant). Ils sont tous à base de vodka et de liqueur de café, comme du Kahlua. Le Red Russian (Russe rouge) a été créé en 1969 en Islande par un barman primé du nom de G. Kristjannson. À l'origine, il était servi sans glace.

ingrédients

1 verre de glace concassée
1 mesure de vodka
$^1/_2$ mesure de cherry brandy
$^1/_2$ mesure d'apricot brandy

méthode

Versez la glace concassée dans un shaker, puis ajoutez la vodka et les deux brandys. Frappez et versez, sans passer, dans un verre à whisky.

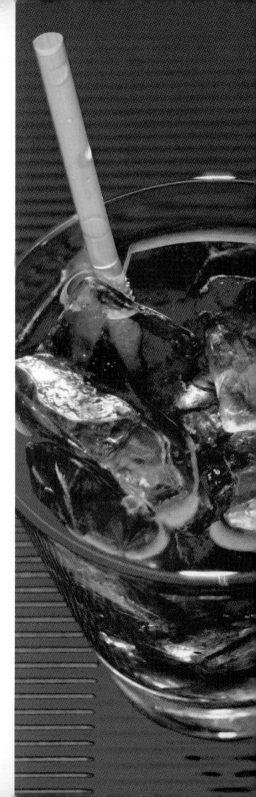

black russian

méthode: shaker ou au verre directement   **glace:** glaçons
verre: à cocktail, à whisky ou highball

À l'origine, cette boisson était servie en short drink, soit
sur des glaçons, soit frappée et passée. Au cours des années
1950, on a créé une version long drink, plus populaire, en
allongeant la boisson avec du cola. Essayez les deux.

ingrédients

2 à 3 glaçons

1 1/2 mesure de vodka

1 mesure de Tia Maria

cola glacé, pour compléter (long drink seulement)

méthode

Mettez tous les ingrédients dans un shaker. Frappez et passez dans
un verre à cocktail. Version short drink : Remplissez un verre à
whisky aux trois quarts de glaçons, versez la vodka puis le Tia
Maria, et remuez. Version long drink : Remplissez un verre highball
de glaçons, versez la vodka et le Tia Maria, puis complétez avec le
cola glacé. Servez avec des pailles.

kiss and tell

méthode: shaker **glace:** concassée

verre: à whisky **garniture:** rondelle d'orange
et cerise

Voici un cocktail qui rend bien justice au Galliano, dont le goût de fleurs, d'épices et d'herbes est savoureux. Dans cette boisson toute verte et fraîche, le goût sucré du Galliano est bien contrebalancé par celui de la vodka et du vermouth sec. Laissez-vous séduire par les fruits de la passion et n'ayez pas honte de le dire!

ingrédients

1 bonne cuillerée de glace concassée

1 mesure de vodka

$1/_2$ mesure de Galliano

$1/_4$ mesure de vermouth sec

1 c. à thé de curaçao bleu

2 mesures de jus d'orange

1 mesure de jus de fruit de la passion

$1/_2$ rondelle d'orange, pour garnir

1 cerise, pour garnir

méthode

Remplissez un verre à whisky aux trois quarts de glace concassée. Versez la glace de ce verre dans un shaker et ajoutez les autres ingrédients, sauf la garniture. Frappez et versez, sans passer, dans un verre à whisky. Garnissez d'une demi-rondelle d'orange et d'une cerise.

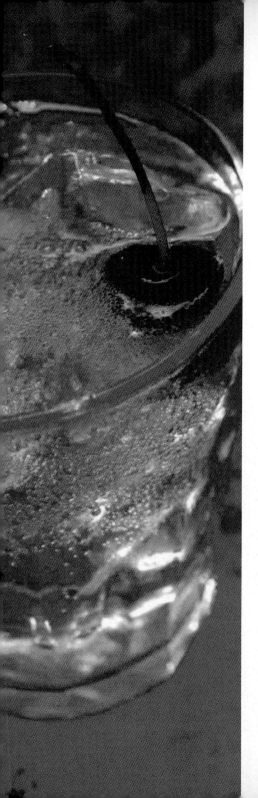

pork chop on toast

méthode : au verre directement **glace:** concassée, glaçons
verre: à whisky **garniture:** cerise au marasquin

Ce cocktail au nom fabuleux (côtelette de porc sur toast !) combine deux vodkas : une vodka russe et une vodka aromatisée à la cerise. Goûtez à cette boisson et vous direz adieu à la « banale » vodka-tonic ! Vous pouvez aromatiser vous-même votre vodka. Faites macérer les fruits, herbes, épices ou toute combinaison de votre choix (essayez le raifort et le gingembre) dans une vodka titrant au moins 40 % vol. et laissez reposer pendant environ un mois.

ingrédients

2 à 3 glaçons

1 mesure de vodka russe

1 mesure de vodka à la cerise

1 bonne cuillerée de glace concassée

2 mesures de soda tonique glacé

1 cerise au marasquin, pour garnir

méthode

Mettez les glaçons dans un shaker et versez les deux vodkas. Frappez et passez dans un verre à whisky rempli à moitié de glace concassée. Complétez de soda tonique glacé et garnissez d'une cerise au marasquin.

slow
finnish

méthode : au verre directement **glace:** concassée
verre: à whisky

Tous les amateurs de cocktails savent que dans un nom de boisson, « Slow » indique la présence de la liqueur sloe gin, obtenue par la macération de prunelles dans du gin et vieillie en fût. Le « Finnish » fait référence ici à la vodka finlandaise Finlandia, qui est vendue dans une bouteille caractéristique en verre texturé.

ingrédients

1 bonne cuillerée de glace concassée

1 mesure de sloe gin

1 mesure de vodka Finlandia

1 c. à thé de rhum vieux

2 mesures de cola glacé

méthode

Remplissez un verre à whisky aux trois quarts de glace concassée et ajoutez le sloe gin, la vodka Finlandia et le rhum. Complétez de cola glacé.

Remplacez le sloe gin par ? mesure de quetsche (liqueur de prune) et vous aurez un Quick Finnish.

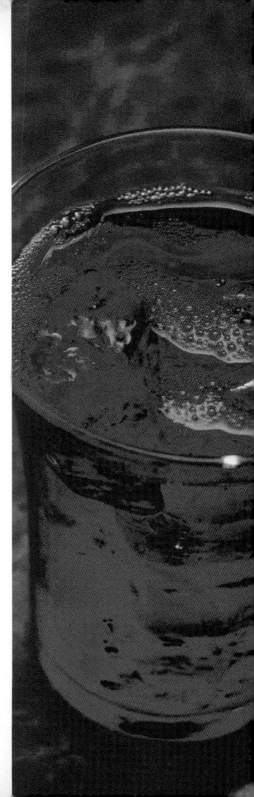

cocktails
à base de rhum

Le rhum est la célèbre boisson des pirates et, jusqu'à récemment, une ration officielle était attribuée aux marins de la British Royal Navy. Pendant des siècles, le rhum a été l'alcool le plus communément troqué. L'origine du mot rhum est obscure. Certains disent qu'il vient d'un dialecte du sud-ouest de l'Angleterre, d'autres prétendent qu'il provient du latin *saccharum* qui signifie « sucre ». Le rhum (ou encore ron ou rum, selon le pays produc- teur) est fabriqué dans les Caraïbes – Jamaïque, Martinique, Puerto Rico et les îles Vierges – et dans plusieurs pays côtiers d'Amérique centrale et d'Amérique du Sud. C'est Christophe Colomb qui a introduit le sucre dans les Caraïbes. Presque tous les pays européens rivalisaient pour le contrôle des Antilles. En plus de l'influence des climats et des sols sur la production des alcools, chaque puissance coloniale avait ses propres méthodes de fabrication du rhum.

Il n'y a que deux façons d'élaborer le rhum. On peut distiller le rhum directement à partir du jus fermenté de canne à sucre broyée, ou alors, on extrait d'abord le sucre lui-même et on distille le rhum à partir de la mélasse résiduelle. Pour rendre le rhum encore plus fort, on peut ajouter le résidu d'une distillation précédente. La différence de matières premières et la durée du processus de fermentation influent sur le goût final du rhum.

On utilise deux méthodes de distillation : en alambic à repasse et en alambic à colonne (ou à circuit continu). Un alambic à repasse est doté d'une chaudière en forme de poire, généralement en cuivre, dans lequel les matières à être distillées sont chauffées, et d'un col de cygne qui transporte la vapeur au condenseur. Chaque distillation constitue un processus distinct; après chacune, l'alambic doit être mis à l'arrêt et rechargé. Si on le laisse en marche, il produira un distillat beaucoup plus pur qui aura moins de goût. Par contre, l'alambic à colonne est très efficace pour produire des distillats plus purs et des rhums légers (ainsi que des alcools neutres comme la vodka et le gin).

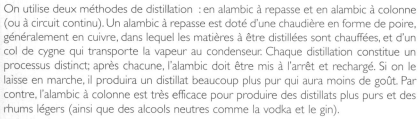

Dans les pays francophones des Caraïbes, on utilise traditionnellement des alambics à repasse pour distiller le jus de canne à sucre, tandis que dans les pays anglophones, la Jamaïque produit des rhums corsés à partir de la mélasse et des résidus de distillation. La Guyane fabrique son fameux Demerara, un rhum unique en son genre, foncé mais moyennement corsé, qui résulte de la distillation de mélasse dans des alambics à colonne. Le rhum de la Barbade est doux et fumé et il est distillé dans les deux types d'alambics. La Trinité produit un rhum fin distillé dans des alambics à colonne tandis que les pays hispano- phones utilisent des alambics à colonne pour produire un rhum léger à partir de mélasse.

Tous les rhums sont clairs et incolores, mais pour que le rhum léger reste clair, il doit d'abord vieillir en fût de frêne pâle pendant un an et être transféré ensuite dans des cuves en acier inoxydable. Le rhum brun est mis à vieillir pendant cinq à sept ans en fût de bois foncé où il développe sa couleur ambrée ou marron et un goût corsé. Les rhums légers ou blancs ont un goût plus délicat que les rhums bruns et, par conséquent, se mélangent superbement aux jus de fruits et aux liqueurs sans perdre de leur saveur.

mai tai

méthode: shaker   **glace:** pilée

verre: à collins   **garniture:** coquille de lime et brin de menthe

En 1944, Victor Bergeron « Trader Vic » (1901-91) a créé le Mai Tai (« le meilleur » en tahitien) en recourant aux ingrédients les plus fins — rhum J. Wray & Nephew âgé de 17 ans, triple sec, sirop d'orgeat (non alcoolisé, aromatisé aux amandes), sirop de sucre et jus de lime. Introduit à Hawaï en 1953, le Mai Tai a connu une popularité telle qu'en moins d'un an, la réserve mondiale de rhum de 17 ans était épuisée. Il a donc fallu réinventer le cocktail avec un mélange de rhums.

ingrédients

1 verre de glace pilée

1 mesure de rhum blanc

1 mesure de rhum vieux

$^2/_3$ mesure de triple sec ou de Cointreau

$^1/_3$ mesure de sirop d'orgeat (ou d'amaretto)

$^1/_3$ mesure de sirop de sucre

$^1/_4$ mesure de grenadine

jus de 1 lime

1 coquille de lime, pour garnir

1 brin de menthe, pour garnir

méthode

Pressez le jus de la lime et conservez une des deux coquilles. Mettez tous les ingrédients dans le shaker, sauf la garniture. Frappez brièvement, puis versez, sans passer, dans un verre à collins. Garnissez d'une coquille de lime et d'un brin de menthe. Servez avec une paille et un bâton mélangeur.

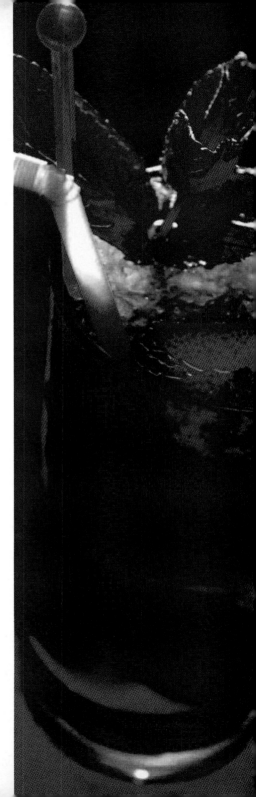

mojito

méthode: shaker   **glace:** pilée ou concassée et glaçons
verre: à collins

Le Mojito peut être décrit comme un julep cubain, avec ses feuilles de menthe écrasées au fond du verre. À Cuba, le Mojito qui était servi au Bodeguita del Medico Bar de La Havane était une boisson particulièrement populaire durant la prohibition aux États-Unis.

ingrédients

3 à 4 brins de menthe

1 coquille de lime

1 verre de glace pilée ou concassée

$2^1/_2$ mesures de rhum blanc

jus de $^1/_2$ lime

1 trait d'Angostura bitters

$^2/_3$ mesure de sirop de sucre

3 à 4 glaçons

2 mesures d'eau de Seltz glacée

méthode

Mettez les brins de menthe au fond d'un verre à collins et écrasez-les délicatement. Pressez la demi-lime, réservez son jus et ajoutez sa coquille dans le verre. Remplissez le verre de glace pilée ou concassée. Frappez le rhum, le jus de lime, l'Angostura et le sirop de sucre dans un shaker, avec les glaçons. Passez dans le verre et complétez d'eau de Seltz. Au besoin, ajoutez de la glace pilée et remuez gentiment. Servez avec une paille.

piña colada

méthode: shaker ou mixeur

verre: poco

glace: pilée

garniture: cubes d'ananas et cerise

Originaire de Puerto Rico, le Piña colada est sans conteste l'un des grands classiques. Mais qui donc est son créateur? Certains attribuent le mérite à Ramon Marrero Perez, du Carib Hilton (1954) alors que, d'autres l'accordent plutôt, à Don Ramon Portas Mingot, de La Barrachina Restaurant Bar (1963). Il est d'usage de servir le Piña Colada dans un verre poco, mais tout joli verre évasé contribuera au plaisir de la dégustation.

ingrédients

1 cuillerée de glace pilée

3 mesures de rhum blanc

4 mesures d'ananas broyé ou de jus d'ananas

2 mesures de crème de coco

1 c. à thé de sirop de sucre (facultatif)

cubes d'ananas, pour garnir

1 cerise, pour garnir

méthode

Frappez ou mélangez au mixeur tous les ingrédients, sauf le sirop de sucre et la garniture. Goûtez et rectifiez au besoin avec le sirop de sucre. Passez dans un verre poco et garnissez avec les fruits.

daiquiri & frozen daiquiri

méthode : shaker ou mixeur   **glace:** pilée

verre: coupe à champagne   **garniture:** rondelle de lime

Le Daïquiri original, fait de rhum, de lime et de sucre, a été créé à Cuba en 1896. Suivant la suggestion d'un collègue, l'ingénieur des mines américain Jennings Cox baptisa la boisson d'après le nom de la ville la plus proche. Le Frozen Daïquiri est une création de Constante Ribailagua de La Florida Bar à La Havane, où il a travaillé de 1912 jusqu'à sa mort en 1952. Ces boissons sont servies sur glace pilée et, surtout, la lime doit être pressée à la main afin de libérer toute sa saveur et son arôme.

ingrédients

$2/_3$ mesure de jus de lime

2 mesures de rhum blanc

1 c. à thé de sucre en poudre

1 rondelle de lime, pour garnir

1 verre de glace pilée (Frozen Daïquiri seulement)

méthode

Daïquiri original : frappez le jus de lime, le rhum et le sucre puis passez dans une coupe à champagne rafraîchie. Garnissez d'une rondelle de lime.

Frozen Daïquiri (photo) : mettez un verre de glace pilée dans un mixeur et pressez à la main le jus d'une lime. Ajoutez le rhum et le sucre et mélanger brièvement. Versez dans une coupe à champagne et garnissez d'une rondelle de lime.

Variante : ajoutez $1/_4$ mesure de grenadine pour un Pink Daïquiri, ou ajoutez $1/_4$ mesure de crème de cassis pour un French Daïquiri, créé vers 1935 par d'Ernest Luthi, du Stork Club de York, en Angleterre.

scorpion

méthode : mixeur
verre : highball
glace : pilée
garniture : rondelles d'orange

Voici l'une des boissons de la nouvelle génération qui sont devenues des classiques. Le Scorpion est un long drink à base de rhum, fruité, rafraîchissant et plus musclé qu'il en a l'air. Remplacez le rhum léger par un rhum de la Barbade pour ajouter du piquant.

ingrédients

2 mesures de rhum léger

1 mesure de brandy

$^1/_2$ mesure de sirop d'orgeat (ou d'amaretto, dans ce cas, la teneur en alcool augmentera)

2 mesures de jus d'orange

$1^1/_2$ mesure de jus de citron

2 bonnes cuillerées de glace pilée

2 à 3 fines rondelles d'orange, pour garnir

méthode

Mélangez tous les ingrédients au mixeur, sauf la glace pilée et la garniture. Versez dans un verre highball rempli aux deux tiers de glace pilée et garnissez de fines rondelles d'orange. Servez avec une paille.

chocolate coco

méthode : shaker **glace:** glaçons

verre: grand verre à dégustation

Cette boisson contient certains des meilleurs ingrédients des Caraïbes : rhum, noix de coco, ananas et chocolat. Le rhum blanc et léger utilisé ici est une spécialité des pays hispanophones. La saveur subtile de coco provient du Malibu, une liqueur de rhum blanc aromatisée à la noix de coco. Ce mélange de luxe ne serait pas complet sans chocolat noir extra fin. Ne dévorez pas toute la tablette !

ingrédients

1 quartier de citron

noix de coco râpée

2 mesures de jus d'ananas

$^3/_4$ mesure de jus de citron

glaçons

1 mesure de Malibu

1 mesure de rhum léger

$^3/_4$ mesure (environ 20 g ou $^3/_4$ oz) de chocolat noir fondu

méthode

Frottez le bord d'un grand verre à dégustation avec un quartier de citron, puis trempez le bord humecté dans la noix de coco râpée. Mettez les glaçons dans un shaker et ajoutez les jus, le Malibu, le rhum léger, puis le chocolat fondu. Frappez bien et passez dans le verre à dégustation givré.

cold comfort coffee

méthode : shaker   **glace:** pilée et glaçons

verre : coupe

Le « Comfort » dans le nom du cocktail se rapporte, bien sûr, au Southern Comfort, l'une des rares liqueurs américaines « d'origine » et sans doute la plus ancienne. Elle est fabriquée à St. Louis, Missouri, à partir d'un mélange tenu secret de bourbon, de pêches, d'oranges et d'herbes. Du café glacé, un soupçon de chocolat (provenant de la crème de cacao) et du Southern Comfort composent ce cocktail digestif rafraîchissant, à siroter par une belle soirée d'été.

ingrédients

1 bonne cuillerée de glace pilée

3 à 4 glaçons

$^3/_4$ mesure de rhum vieux

$^3/_4$ mesure de Southern Comfort

$^1/_4$ mesure de crème de cacao brune

4 mesures de café noir froid (sucré au goût)

méthode

Remplissez une coupe de glace pilée. Mettez les autres ingrédients dans le shaker. Frappez bien et passez dans la coupe.

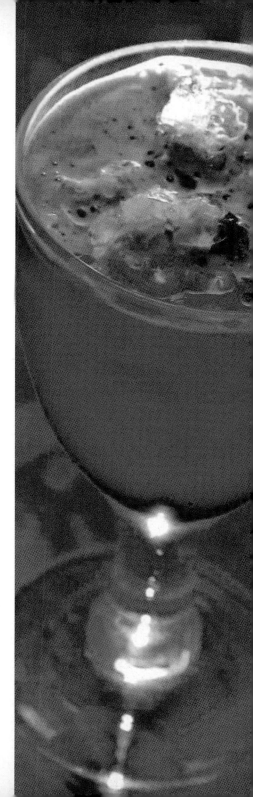

island breeze

méthode: au verre directement **glace:** glaçons
verre: highball

Le Island Breeze (brise des îles) n'est pas la seule boisson rafraîchissante servie dans les bars à cocktail. Il y a aussi le Sea Breeze (brise de la mer – voir page 72) et le Bay Breeze (brise de la baie). Le Island Breeze est un cocktail délicieux et très simple, au bon goût de rhum et de fruits. L'île de Manhattan a sans doute inspiré son inventeur, Dale deGroff, du célèbre Rainbow Room, perché au sommet du Rockefeller Plaza de New York.

ingrédients

6 à 8 glaçons

2 traits d'Angostura bitters

4 mesures de jus d'ananas

1 mesure de jus de canneberge

1 1/2 mesure de rhum blanc

méthode

Remplissez un verre highball de glaçons et ajoutez l'Angostura, les jus et le rhum. Remuez brièvement.

blue hawaiian

méthode: mixeur   **glace:** pilée

verre: coupe   **garniture:** cube d'ananas et
cerise au marasquin

Le rhum, le curaçao bleu, l'ananas et la noix de coco forment
un cocktail aussi frais et bleu que l'océan Pacifique. Un rhum
vieux de type jamaïcain ajoute du corps à cette superbe
création de Paulo Loureiro du Claridge's Bar, situé dans le
quartier chic de Mayfair, à Londres.

ingrédients

1 verre de glace pilée

1½ mesure de rhum blanc

½ mesure de rhum vieux

½ mesure de curaçao bleu

3 mesures de jus d'ananas

1 mesure de crème de coco

cubes d'ananas, pour garnir

1 cerise au marasquin, pour garnir

méthode

Mettez un verre de glace pilée dans le mixeur et ajoutez tous les
ingrédients, sauf la garniture. Mélanger brièvement et versez dans une
coupe. Garnissez d'une brochette de fruits et servez avec une paille.

columbus cocktail

méthode: shaker   **glace:** pilée

verre: à cocktail   **garniture:** rondelle de lime

Lors de son voyage de découverte du Nouveau Monde, Christophe Colomb a introduit des plants de canne à sucre dans les Caraïbes, où le climat s'est avéré propice à leur culture. Plus tard, on a découvert que le jus de canne à sucre laissé à fermenter au grand soleil produit une boisson alcoolisée qui, par distillation, pouvait résulter en un alcool encore plus fort. Et c'est ainsi que naquit le rhum.

ingrédients

1 verre de glace pilée

1 $^1/_2$ mesure de rhum ambré

$^3/_4$ mesure d'apricot brandy

1 mesure de jus de lime

1 rondelle de lime, pour garnir

méthode

Mettez un verre de glace pilée dans un shaker et ajoutez le rhum, l'apricot brandy et le jus de lime. Secouez brièvement et versez, sans passer, dans un grand verre à cocktail. Garnissez d'une rondelle de lime.

brass monkey

méthode: au verre directement   **glace:** glaçons
verre: highball   **garniture:** rondelle d'orange

Le rhum a toujours été associé aux navires et à la marine.
Jusqu'à récemment, le rhum faisait partie de la ration officielle
des marins de la British Royal Navy. Le « brass monkey »
était un cadre de laiton sur lequel étaient rangés les boulets
de canon. Par temps très froid, le support se contractait et
faisait tomber les boulets, d'où l'expression anglaise « Cold
enough to freeze the balls off a brass monkey » qui, en gros,
signifie « on se les gèle » !

ingrédients

6 à 8 glaçons

4 mesures de jus d'orange

1 mesure de vodka

1 mesure de rhum léger

$^1/_2$ rondelle d'orange, pour garnir

méthode

Remplissez un verre highball de glaçons et versez le jus d'orange,
la vodka et le rhum. Remuez et garnissez d'une demi-rondelle
d'orange et d'une paille.

mulata

méthode: shaker **glace:** pilée

verre: coupe à champagne

En espagnol, la *Mulata* est une jeune mule; dans les Caraïbes, c'est aussi une fille d'ascendance européenne et antillaise. Ce magnifique cocktail mordoré a été élaboré dans les années 1940 par le barman cubain José Maria Vazquez, en l'honneur, vous vous en douterez, des nombreuses beautés de ces îles.

ingrédients

1 verre de glace pilée

$1^3/_4$ mesure de rhum ambré

$^1/_4$ mesure de crème de cacao brune

jus de $^1/_2$ lime

méthode

Mettez tous les ingrédients dans un shaker. Secouez brièvement et versez, sans passer, dans une coupe à champagne.

venus rum

méthode: shaker

verre: à whisky

glace: concassée et glaçons

garniture: tranche de fruit de saison

Vénus était la déesse romaine des Jardins et des Champs, puis de l'Amour. Il est donc approprié que le cocktail qui porte son nom allie les saveurs d'abricots et d'oranges. Le mot abricot dérive du latin *praecoquun* qui signifie « (fruit) précoce » – l'abricot est l'un des premiers fruits à apparaître au printemps – et l'orange est le fruit que Jupiter, pour symboliser son amour, a offert à Junon le jour de leur mariage.

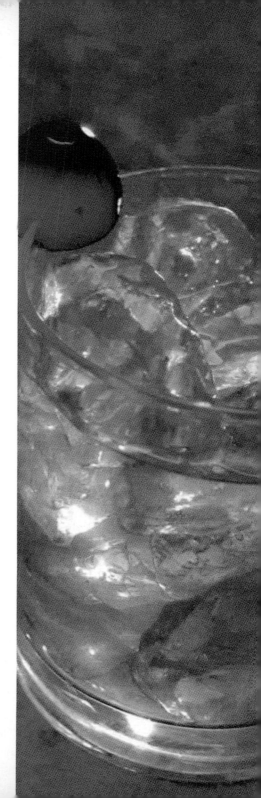

ingrédients

2 à 3 glaçons

1 1/2 mesure de rhum blanc

1 mesure d'apricot brandy

1/2 mesure de triple sec ou de Cointreau

1/2 mesure de jus de lime

1 bonne cuillerée de glace concassée

1 mesure d'eau de Seltz glacée

tranche de fruit de saison, pour garnir

méthode

Mettez les glaçons dans un shaker et versez le rhum, l'apricot brandy, le triple sec ou le Cointreau, et le jus de lime. Frappez et passez dans un verre à whisky rempli de glace concassée. Ajoutez l'eau de Seltz, garnissez d'une tranche de fruit et servez avec une paille courte.

yum-yum

méthode: shaker   **glace:** pilée et glaçons
verre: à cocktail   **garniture:** rondelle de lime

En 1492, Christophe Colomb a découvert l'île de Cuba, au climat parfait pour les plants de canne à sucre que le colonisateur a eu la bonne idée de rapporter en Europe. Très vite, les Espagnols ont réalisé que le jus de canne laissé au grand soleil fermente : c'est ainsi que le rhum a vu le jour. Ce délicieux cocktail à base de rhum, de noix de coco et de fruits tropicaux, servi sur glace pilée, mérite bien son nom.

ingrédients

3 à 4 glaçons

1 $^1/_2$ mesure de rhum blanc

$^1/_2$ mesure de Malibu (rhum de coco)

1 mesure de jus de mangue

1 mesure de jus de pêche

$^1/_3$ mesure de jus de lime

1 bonne cuillerée de glace pilée

1 rondelle de lime, pour garnir

méthode

Mettez les glaçons dans un shaker et ajoutez tous les liquides. Frappez et passez dans un grand verre à cocktail rempli de glace pilée. Garnissez d'une rondelle de lime.

platinum blonde

méthode: shaker   **glace:** glaçons

verre: à dégustation

La blonde platine en question, c'était l'actrice hollywoo-dienne Jean Harlow, dont l'allure et la chevelure éblouis-santes inspiraient bien des rivales et ne trouvaient que peu d'égales. Ce mélange de rhum ambré, de Grand Marnier (un curaçao français à base de cognac) et de crème est un élégant hommage rendu à une déesse de l'écran.

ingrédients

3 à 4 glaçons

1 mesure de rhum ambré

1 mesure de Grand Marnier

$^3/_4$ mesure de crème fraîche épaisse

méthode

Mettez tous les ingrédients dans un shaker. Frappez bien et passez dans un verre à dégustation.

olaffson's punch

méthode: shaker   **glace:** pilée

verre: coupe   **garniture:** zestes d'orange
et de lime

Peu après l'introduction de la canne à sucre dans les Caraïbes par Christophe Colomb, tous les pays européens se sont engagés dans le commerce aux Antilles. Les Hollandais ont amené le rhum dans les Indes orientales et en Australie (où il est devenu la première boisson nationale), tandis que les Danois l'ont importé en Scandinavie et en Allemagne. Ce cocktail au nom scandinave vient en fait de Haïti, réputé pour son rhum vieux.

ingrédients

1 c. à thé de sucre en poudre

3 mesures de jus d'orange

1 $^1/_2$ mesure de jus de lime

1 cuillerée de glace pilée

1 c. à thé de marasquin

2 mesures de rhum vieux, de préférence haïtien

1 fine lanière de zeste d'orange et 1 de lime, pour garnir

méthode

Faites dissoudre le sucre dans les jus d'orange et de lime. Mettez la glace pilée dans un shaker et ajoutez les jus, le marasquin et le rhum. Secouez brièvement et versez, sans passer, dans une coupe. Pressez chaque lanière de zeste au-dessus de la boisson pour en extraire une goutte d'huile, puis laissez-les tomber dans le verre. Pour finir, servez avec une paille courte.

fluffy duck

méthode: au verre directement

verre: highball   **garniture:** fraise et brin de menthe

Le Fluffy Duck est composé d'advocaat, la liqueur hollandaise à base d'eau-de-vie et d'œuf qui, selon la légende, est
une version d'une boisson épaisse à base d'avocats que les
marins hollandais ont découverte dans les Indes orientales.
Le cocktail le plus populaire à base d'advocaat est le fameux
Snowball (advocaat, lime cordial et limonade). Malgré son
nom, le Fluffy Duck (canard duveteux) est plutôt costaud !

ingrédients

1 mesure de rhum léger

1 mesure d'advocaat

limonade glacée, pour compléter

$^{1}/_{2}$ mesure de crème fraîche liquide

1 fraise, pour garnir

1 brin de menthe, pour garnir

méthode

Mettez le rhum et l'advocaat dans un verre highball et complétez
de limonade glacée presque jusqu'au bord. Versez la crème en filet,
en la faisant couler sur le dos d'une cuillère. Garnissez d'une fraise
et d'un brin de menthe.

maragato special

méthode: shaker   **glace:** pilée

verre: à cocktail   **garniture:** rondelles d'orange et de lime

Cette boisson est une création d'Emilio Maragato Gonzalez, du Florida Hotel Bar à Cuba. Inventée en 1920, la recette a été jalousement gardée dans la famille jusqu'au décès d'Emilio en 1935.

ingrédients

2 à 3 cuillerées de glace pilée

1 mesure de rhum blanc

$^3/_4$ mesure de vermouth sec

$^3/_4$ mesure de vermouth rouge

$^1/_2$ c. à thé de marasquin

jus de $^1/_3$ orange

jus de $^1/_2$ lime

1 rondelle d'orange et 1 de lime, pour garnir

méthode

Remplissez un verre à cocktail de glace pilée. Mettez le reste de glace pilée dans un shaker et ajoutez tous les ingrédients, sauf la garniture. Secouez brièvement et passez dans le verre. Garnissez de rondelles de fruits.

cocktails à base de whisky et whiskey

Whisky (sans « e ») en Écosse et au Canada et whiskey (avec un « e ») en Irlande, aux États-Unis et au Japon – le mot whisk(e)y est dérivé du gaélique *usquebaugh*, qui signifie « eau de vie ».

Le scotch est un whisky fabriqué exclusivement en Écosse. Un whisky single malt aura un caractère et un goût uniques à son origine géographique, conférés par l'eau, la tourbe et l'orge germée qui a été séchée au feu de tourbe, broyée, fermentée et distillée, ainsi que par son vieillissement en fût de chêne pendant 10 à 20 ans. Un blended scotch contient entre 12 et 40 différents malts et deux ou trois whiskys de grain. En Irlande, l'orge est séchée dans un four plutôt que sur un feu de tourbe, d'où son goût différent.

Comme l'Écosse, chaque état producteur de whiskey a son propre savoir-faire. Les immigrants écossais ont fabriqué du rye whiskey d'abord en Pennsylvanie, puis au Maryland. Ils sont ensuite allés s'installer dans l'état du Kentucky, un État mieux adapté à la culture du maïs, et ont commencé leur production commerciale à la fin des années 1700. Le Kentucky est situé sur un immense plateau calcaire – l'eau y est dure – et on y produit le fameux « blue-grass whiskey ». Le bourbon whiskey doit contenir au moins 51 % de maïs, le reste étant du seigle, pour le goût, et de l'orge maltée, pour sa capacité de fermentation. Le goût particulier de vanille et de fruits du bourbon est attribuable à un vieillissement de six à huit ans en fût de chêne neuf, brûlé à l'intérieur. Les fûts ne peuvent contenir du bourbon qu'une seule fois. Par la suite, ils sont envoyés chez les distillateurs de rhum des caraïbes et de scotch ! Comme le scotch, le bourbon existe en version « blended » ou « straight » – distillé à partir d'une seule céréale et produit par une seule distillerie. Le Wild Turkey est une marque connue de straight Kentucky bourbon.

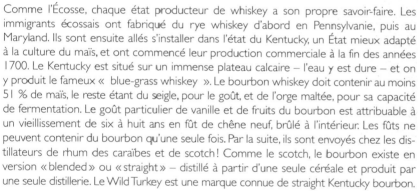

Le rye, le premier whiskey fabriqué aux États-Unis, a un goût épicé, voire mentholée du fait qu'il est composé d'un minimum de 51 % de seigle (le reste étant du maïs et de l'orge). Il est vieilli pendant environ quatre ans en fût de chêne neuf, brûlé à l'intérieur.

Selon la loi, le Tennessee whiskey doit être produit dans l'état du même nom. Il est filtré sur charbon de bois et, par conséquent, se montre très doux. Certains Tennessee whiskeys de marque connue – comme le Jack Daniels, de Lynchburg, qui est filtré sur charbon de bois d'érable – ont un goût bien différent de celui du bourbon. La raison en est qu'ils sont élaborés à partir d'un moût contenant des levures qui ont déjà fermenté (semblables à celles utilisées dans les pains au levain) et non des levures fraîches.

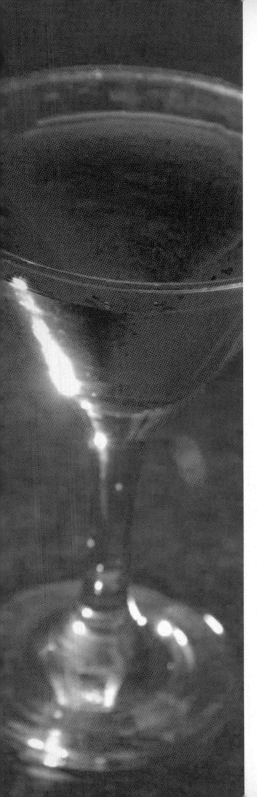

quebec

méthode: verre à mélange   **glace:** glaçons

verre: à cocktail

Il n'y a qu'en Grande-Bretagne et au Canada que le whisky s'écrit sans « e ». Le whisky canadien est moelleux et léger, ce qui en fait un ingrédient parfait pour les cocktails. Ce cocktail contient du Noilly Prat, un vermouth sec français fabriqué à Marseillan. Voici une combinaison parfaite pour le Québec bilingue – comme le disait le célèbre slogan de Noilly Prat : « Say Noilly Prat, and your French is perfect ».

ingrédients

3 à 4 glaçons

1 $^1/_2$ mesure de whisky canadien

2 c. à thé de vermouth sec Noilly Prat

1 c. à thé d'Amer Picon

1 c. à thé de marasquin

méthode

Mélangez tous les ingrédients dans un verre à mélange et passez dans un verre à cocktail.

canada cocktail

méthode: au verre directement   **glace:** concassée
verre: à whisky   **garniture:** brin de menthe

Avec un nom pareil, ce cocktail contient inévitablement du whisky canadien. Au Canada, Seagram est le nom le plus réputé de l'industrie de la distillation. Avec des débuts modestes en Ontario, la compagnie de whisky Seagram a été rachetée en 1926 par Sam Bronfman. Dans les années 1950, elle était devenue le plus grand distillateur du monde et occupait le prestigieux Seagram Building à New York, une œuvre de Ludwig Mies Van der Rohe et un jalon de l'architecture moderne.

ingrédients

1 cuillerée de glace concassée

3 gouttes d'Angostura bitters

$1/_2$ mesure de Cointreau

1 $1/_2$ mesure de whisky canadien

1 brin de menthe, pour garnir

méthode

Mettez la glace concassée dans un verre à whisky et ajoutez l'Angostura, le Cointreau et le whisky canadien. Garnissez d'un brin de menthe.

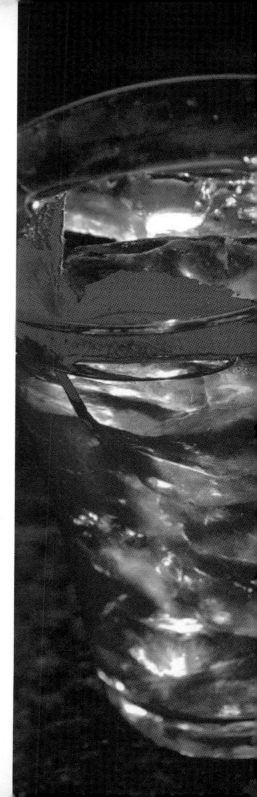

tuna on rye

méthode: au verre directement **glace:** concassée
verre: à whisky

Selon certains aficionados de cocktails, les noms étranges
donnés aux boissons étaient des noms de code utilisés dans
les speakeasies pour tromper les agents infiltrés. Selon
d'autres, ils proviennent du jargon de restaurant américain
dans lequel les plats les plus banals sont désignés par un
nom beaucoup plus exotique, comme « Adam et Ève sur un
radeau » qui sert à nommer des œufs pochés sur pain grillé.
Dans cette boisson, « Rye » signifie rye whiskey et « Tuna »
(thon) – Allez savoir !

ingrédients

I cuillerée de glace concassée

I mesure de vermouth rouge

I $^1/_2$ mesure de rye whiskey

2 mesures de ginger ale

méthode

Remplissez un verre à whisky à moitié de glace concassée. Ajoutez
le vermouth, le rye, puis le ginger ale.

pink elephant

méthode: shaker
verre: à cocktail
glace: pilée et glaçons
garniture: rondelle de citron et cerise

Attention, si vous voyez des éléphants roses partout, c'est que vous avez sans doute abusé de boissons alléchantes comme celle-ci! Le Pink Elephant est un cocktail aromatisé au whiskey et au citron. Il contient du bourbon, un whiskey distillé à partir d'un moût fermenté contenant au moins 51 % de maïs et vieilli entre six et huit ans en fût de chêne neuf, brûlé à l'intérieur – selon la loi américaine, ces fûts ne doivent contenir du bourbon qu'une seule fois.

ingrédients

1 cuillerée de glace pilée

3 à 4 glaçons

2 mesures de bourbon

$3/_4$ mesure de jus de citron

$1/_3$ mesure de grenadine

1 c. à thé de blanc d'œuf

$1/_2$ rondelle de citron, pour garnir

1 cerise au marasquin, pour garnir

méthode

Remplissez un verre de glace pilée. Mettez les glaçons dans un shaker et ajoutez tous les ingrédients, sauf la garniture. Frappez bien et passez dans un verre à cocktail. Garnissez avec la demi-rondelle de citron et la cerise.

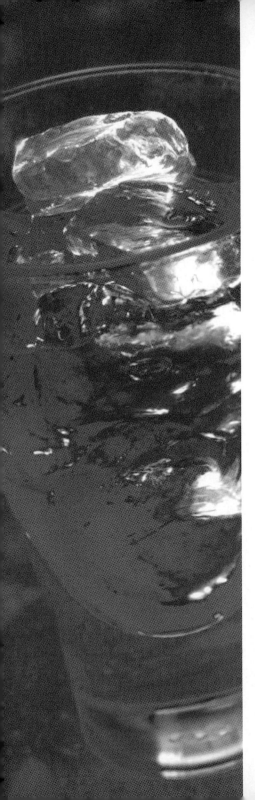

plank-walker

méthode: au verre directement **glace:** concassée
verre: à whisky

« Walking the plank » était une méthode d'exécution par noyade privilégiée par les pirates, qui forçaient la victime à marcher jusqu'au bout d'une planche en surplomb au-dessus de l'eau. Rassurez-vous, ce n'est pas le sort que vous réserve ce cocktail. Bien au contraire, les vertus thérapeutiques des 130 herbes et épices de la Chartreuse devraient vous garantir une autre journée sans souci !

ingrédients

1 cuillerée de glace concassée

1 $^1/_2$ mesure de scotch whisky

$^1/_2$ mesure de vermouth rouge

$^1/_2$ mesure de Chartreuse jaune

méthode

Remplissez un verre à whisky aux trois quarts de glace concassée et versez les autres ingrédients.

morning-glory fizz

méthode: shaker
verre: à collins
glace: glaçons
garniture: rondelle d'orange

Les fizzes ont été mentionnés pour la première fois dans les années 1870. Celui-ci ressemble aux collins (voir page 35), sauf qu'il faut toujours le frapper avant d'ajouter l'eau de Seltz (ou toute autre boisson gazeuse). Les fizzes sont traditionnellement servis le matin ou, au plus tard, à midi.

ingrédients

1 c. à thé de sucre en poudre

1 ¹/₃ mesure de jus de citron

6 à 8 glaçons

1 trait d'Angostura bitters

2 mesures de scotch whisky

¹/₄ mesure de blanc d'œuf

4 mesures d'eau de Seltz

1 rondelle d'orange, pour garnir

méthode

Faites dissoudre le sucre dans le jus de citron. Mettez la moitié des glaçons dans un shaker et ajoutez les jus, l'Angostura, le scotch et le blanc d'œuf. Frappez bien et passez dans un verre à collins rempli à moitié de glaçons. Ajoutez l'eau de Seltz et garnissez d'une rondelle d'orange. Servez avec un agitateur.

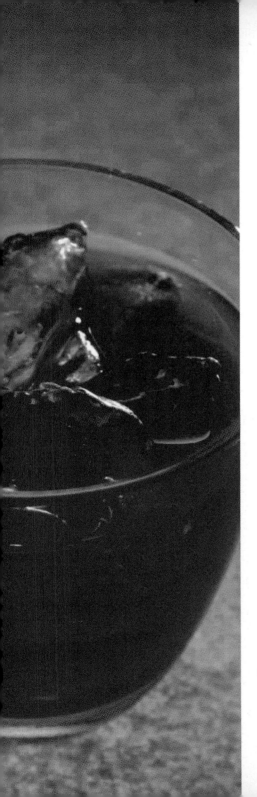

kentucky kernel

méthode: shaker **glace:** glaçons

verre: highball **garniture:** cube d'ananas et
cerise au marasquin

Comme tous les bons noms de cocktails, kentucky kernel
est un jeu de mots : « kentucky » fait référence au kentucky
bourbon et « kernel » se rapporte au noyau d''abricot de
l'abricot brandy.

ingrédients

1 cuillerée de glace concassée

1 ¹/₂ mesure de bourbon

¹/₂ mesure d'apricot brandy

1 mesure de jus de pamplemousse

1 c. à thé de grenadine

méthode

Mettez la glace concassée dans un shaker et ajoutez les autres ingrédients. Frappez et versez, sans passer, dans un verre à whisky.

mississippi magic

méthode: mixeur **glace:** pilée
verre: coupe

Ce cocktail contient à la fois du bourbon et du Southern Comfort. L'inventeur de la recette secrète de la liqueur est supposé être un certain M. W. Heron, qui a travaillé à la Nouvelle-Orléans au cours des années 1880, mais qui a lancé cette liqueur dans son bar de la rue Beale, à Memphis, avant de déménager à St. Louis, dans le Missouri. Au cas où vous ne l'auriez pas remarqué, ces trois grandes villes sont situées sur les rives de l'imposant Mississipi.

ingrédients

$1/2$ pêche
1 verre de glace pilée
1 mesure de bourbon
1 mesure de Southern Comfort
$1/2$ mesure de vermouth sec
1 mesure de jus de mandarine
1 mesure de jus d'ananas
$1/4$ mesure de jus de lime

méthode

Réduisez la moitié de pêche en purée. Mettez un verre de glace pilée dans un mixeur et ajoutez les autres ingrédients, y compris la purée de pêche. Mélangez brièvement et versez, sans passer, dans une coupe. Servez avec une paille.

wild cherry

méthode: au verre directement **glace:** glaçons
verre: highball **garniture:** cerise et brin de menthe

Le « Wild » dans le nom du cocktail fait référence au Wild Turkey, la fameuse marque de Kentucky straight bourbon whiskey. Ce whiskey est disponible en 45 % vol. (86 % US proof) et en 50,5 % vol. (101 % US proof) – ainsi qu'en liqueur Wild Turkey. Le « Cherry » se rapporte évidemment au cherry brandy.

ingrédients

3 à 4 glaçons

$^1/_2$ mesure de cherry brandy

$^1/_4$ mesure de crème de cacao blanche

1 $^1/_2$ mesure de bourbon Wild Turkey

4 mesures de soda cerise

1 cerise, pour garnir

1 brin de menthe, pour garnir

méthode

Mettez la glace dans un verre highball et versez le cherry brandy, la crème de cacao et le Wild Turkey. Ajoutez le soda cerise glacé et garnissez d'une cerise et d'un brin de menthe.

irish blackthorn

méthode: verre à mélange   **glace:** glaçons

verre: à whisky

Le prunellier « blackthorn » – dont les fruits sont les prunelles utilisées dans la fabrication du sloe gin – fournit le bois qui sert traditionnellement à faire des bâtons de baseball ou des gourdins. Ce cocktail doit légitimement contenir du whiskey irlandais. La différence entre le whiskey et le scotch réside dans le fait qu'en Irlande, l'orge est séchée au four et non au feu de tourbe.

ingrédients

6 à 8 glaçons

1 1/2 mesure de whiskey irlandais

1 1/2 mesure de vermouth sec

3 traits de Pernod

3 traits d'Angostura bitters

méthode

Mettez la moitié des glaçons dans un verre à mélange et ajoutez les autres ingrédients. Remuez et passez dans un verre à whisky rempli des glaçons restants.

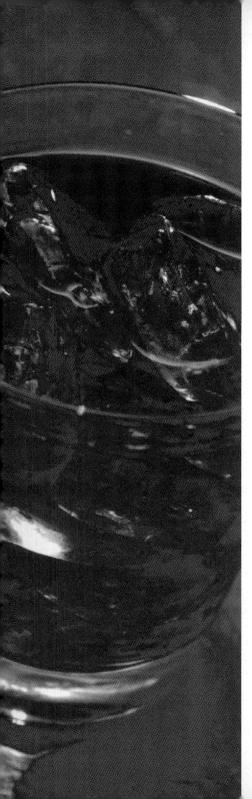

trois-rivières

méthode: shaker **glace:** concassée et glaçons
verre: à whisky

Inventé au Canada, le Trois-Rivières ou Three Rivers est maintenant apprécié partout dans le monde. Le whisky canadien est l'ingrédient de choix qui fait bon ménage avec le Dubonnet, un vin apéritif français breveté, et le curaçao triple sec blanc.

ingrédients

1 cuillerée de glace concassée

3 à 4 glaçons

2 mesures de whisky canadien

1 mesure de Dubonnet

1 mesure de triple sec (ou de Cointreau)

méthode

Remplissez un verre à whisky à moitié de glace concassée. Mettez les autres ingrédients dans un shaker. Frappez et passez dans le verre à whisky.

the waldorf cocktail

méthode : verre à mélange **glace:** pilée
verre: à cocktail

Voici un cocktail classique créé en l'honneur de l'un des plus
prestigieux hôtels de New York, et l'un des chefs-d'œuvre
d'architecture de la ville. Le bourbon est le whiskey traditionnellement utilisé, mais en essayant différents mélanges,
vous pouvez modifier subtilement le goût final.

ingrédients

I bonne cuillerée de glace pilée

I trait d'Angostura bitters

I mesure de vermouth doux

I mesure de Pernod

2 mesures de bourbon

méthode

Mettez une bonne cuillerée de glace pilée dans un verre à mélange
et ajoutez l'Angostura bitters, le vermouth doux, le Pernod et le
bourbon. Remuez bien et passez dans un verre à cocktail rafraîchi.

lark

méthode: au verre directement **glace:** glaçons
verre: coupe **garniture:** rondelles d'orange et de citron, cerise

Le mot anglais *lark* signifie « alouette » et traduit aussi le plaisir de plaisanter — ce que ce mélange fruité ne manque pas de susciter. Fabriqué uniquement en Écosse, le scotch est un whisky de choix et mérite bien sa place aux côtés de la liqueur d'orange Grand Marnier faite à base de cognac de la plus haute qualité.

ingrédients

3 à 4 glaçons

1 mesure de scotch whisky

1 mesure de Grand Marnier

$1/_4$ mesure de grenadine

$1/_4$ mesure de jus de citron

4 mesures d'orangeade glacée

2 à 3 rondelles d'orange et de citron, pour garnir

1 cerise, pour garnir

méthode

Mettez les glaçons dans une coupe et, à l'exception de la garniture, ajoutez tous les ingrédients en finissant par l'orangeade glacée. Garnissez de fruits et servez avec une paille.

sky highball

méthode: au verre directement   **glace:** glaçons
verre: highball   **garniture:** zeste de citron

En 1895, le barman new-yorkais Patrick Duffy - aucun rapport avec l'acteur du feuilleton télévisé Dallas - a créé le highball avec une eau-de-vie, du soda ou du ginger ale et un zeste de citron. Dans les années 1930, on a ajouté du triple sec et de la grenadine et dans les années 1950, des jus de fruits. Les highballs actuels comportent deux boissons non alcoolisées dont une gazeuse, mais toujours un seul alcool de base. C'est le curaçao bleu qui fait le ciel (Sky) du cocktail.

ingrédients

6 à 8 glaçons

5 mesures de jus d'ananas

2 mesures de scotch whisky

1 c. à thé de curaçao bleu

1 fine lanière de zeste de citron, pour garni

méthode

Remplissez un verre highball aux trois quarts de glaçons. Ajoutez le jus d'ananas et le scotch. Arrosez la surface de curaçao bleu. Pressez le zeste de citron au-dessus de la boisson pour en extraire l'huile, puis laissez-le tomber dans le verre.

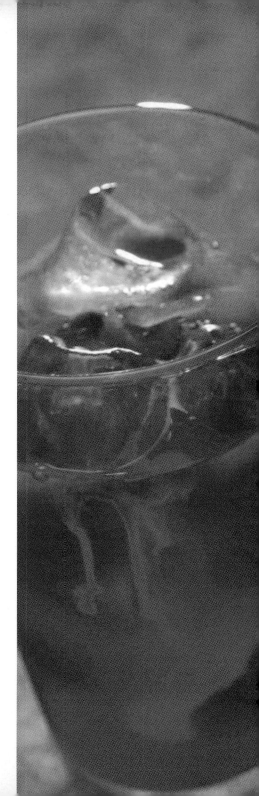

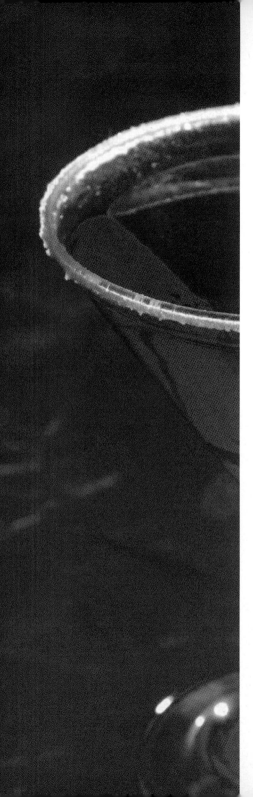

fancy free

méthode: shaker   **glace:** glaçons

verre: à cocktail

Fancy Free était le nom d'un ballet en un acte, créé en 1944 par Jerome Robbins. Mis en musique par Leonard Bernstein, il raconte l'histoire de trois marins en permission à New York. Le spectacle connut un immense succès et inspira la grande comédie musicale *On the town*. Comme il se doit, ce cocktail contient du rye whiskey, le premier whiskey à être fabriqué aux États-Unis à la fin des années 1600.

ingrédients

1 quartier de citron, pour givrer

sucre en poudre, pour givrer

3 à 4 glaçons

1 1/2 mesure de rye whiskey

2 traits de marasquin

1 trait d'orange bitters

1 trait d'Angostura bitters

méthode

Frottez le bord d'un verre à cocktail avec le quartier de citron, puis trempez le bord humecté dans le sucre en poudre. Mettez les glaçons dans un shaker et ajoutez les ingrédients restants. Frappez et passez dans le verre à cocktail givré.

rattlesnake

méthode: shaker   **glace:** pilée

verre: à whisky

L'acteur hollywoodien et le roi des répliques, W. C. Fields a déjà dit : « J'amène toujours un peu de bourbon avec moi, en cas de morsure de serpent. Par ailleurs, j'emmène toujours un petit serpent. » Ce cocktail au whisky et au Pernod, un spiritueux à saveur d'anis, porte le même nom qu'un pousse-café composé d'Irish Cream, de liqueur de café et de crème de cacao blanche. Les deux versions auraient sans doute bien plu à Fields.

ingrédients

1 bonne cuillerée de glace pilée

2 mesures de votre whisky favori

1 c. à thé de jus de citron

1 c. à thé de sirop de sucre

$^1/_2$ blanc d'œuf

plusieurs traits de Pernod

méthode

Mettez la glace pilée dans un shaker et ajoutez les autres ingrédients. Secouez vigoureusement pour faire mousser le blanc d'œuf, puis passez dans un verre à whisky rafraîchi.

dundee dream

méthode: shaker   **glace:** concassée

verre: highball   **garniture:** cerise et
rondelle d'orange

Située sur l'estuaire du Tay, dans l'est de l'Écosse, Dundee est une ville réputée notamment pour ses gâteaux aux fruits. Ce cocktail fruité comporte naturellement du scotch whisky, agrémenté de xérès doux, de jus de mandarine et de jus de lime. L'ajout de ginger ale rend ce long drink très rafraîchissant.

ingrédients

1 cuillerée de glace concassée

$1\frac{1}{2}$ mesure de scotch whisky

$\frac{1}{2}$ mesure de xérès doux

1 mesure de jus de mandarine

$\frac{1}{2}$ mesure de jus de lime

3 mesures de ginger ale

1 cerise, pour garnir

$\frac{1}{2}$ rondelle d'orange, pour garnir

méthode

Mettez la glace concassée dans un shaker et ajoutez le scotch, le xérès et les deux jus. Frappez et versez, sans passer, dans un verre highball. Complétez de ginger ale et garnissez d'une cerise et d'une demi-rondelle d'orange.

rare beef

méthode: au verre directement **glace:** glaçons
verre: à whisky **garniture:** cerise

Voici un cocktail dont le nom fait référence à ses ingrédients : le « Rare » indique que le whisky utilisé est un J & B
– c'est le mot qui apparaît sur l'étiquette et qui, en Écosse,
signifie « exceptionnel » ou « de choix ». Le « Beef » se rapporte au gin Beefeater, une marque de London dry gin dont
l'étiquette montre un gardien de la Tour de Londres surnommé un « Beefeater ».

ingrédients

I cuillerée de glace concassée
I mesure de vermouth rouge
$^1/_2$ mesure de whisky J & B
I mesure de gin Beefeater
I mesure de limonade
I cerise, pour garnir

méthode

Remplissez un verre à whisky à moitié de glace concassée. Versez
le vermouth, le whisky, le gin puis la limonade. Ajoutez une cerise.

Pour obtenir un Southern Rare Beef, remplacez la moitié du vermouth rouge par du Southern Comfort.

cocktails
à base de brandy

Au 18e siècle, Samuel Johnson a écrit : « Le bordeaux rouge est un vin d'adolescent, le porto une liqueur d'homme; mais que celui qui aspire à une grande destinée s'en tienne au brandy. » Si Johnson était encore en vie, il serait surpris de voir le nombre de femmes qui apprécient aussi le brandy !

De nombreux pays fabriquent du brandy, cette eau-de-vie chaleureuse et sensuelle, distillée à partir du vin; en conséquence, il existe plusieurs types de brandys. Selon certains, le brandy a été découvert au milieu du 13e siècle en France, au cours de concoction de boissons médicinales. Selon d'autres, un alchimiste du 15e siècle avait enterré un tonneau de précieux *aqua vitae* dans son jardin pour le préserver des soldats pilleurs. Le pauvre bougre a été tué et le tonneau n'a été découvert que des années plus tard. La moitié de la liqueur s'était évaporée, mais ce qu'il en restait était riche et moelleux.

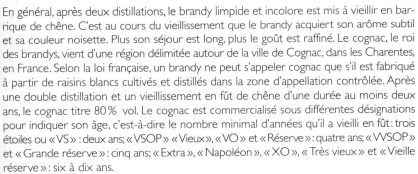

En général, après deux distillations, le brandy limpide et incolore est mis à vieillir en barrique de chêne. C'est au cours du vieillissement que le brandy acquiert son arôme subtil et sa couleur noisette. Plus son séjour est long, plus le goût est raffiné. Le cognac, le roi des brandys, vient d'une région délimitée autour de la ville de Cognac, dans les Charentes, en France. Selon la loi française, un brandy ne peut s'appeler cognac que s'il est fabriqué à partir de raisins blancs cultivés et distillés dans la zone d'appellation contrôlée. Après une double distillation et un vieillissement en fût de chêne d'une durée au moins deux ans, le cognac titre 80 % vol. Le cognac est commercialisé sous différentes désignations pour indiquer son âge, c'est-à-dire le nombre minimal d'années qu'il a vieilli en fût : trois étoiles ou « VS » : deux ans; « VSOP » « Vieux », « VO » et « Réserve » : quatre ans; « VVSOP » et « Grande réserve » : cinq ans; « Extra », « Napoléon », « XO », « Très vieux » et « Vieille réserve » : six à dix ans.

Élaboré dans la région française de la Gascogne, l'armagnac est un brandy blond doré, au goût sec et ardent. Selon la loi française, seuls les raisins blancs provenant du Haut-Armagnac, de la Ténarèze et du Bas-Armagnac, sont autorisés dans la production. La distillation s'effectue après les vendanges (d'octobre à avril) et, contrairement au cognac, l'armagnac n'est distillé qu'une seule fois, toutefois, la loi française a été assouplie récemment pour permettre une double distillation, ce qui fait accélérer le processus de vieillissement en fût de chêne. L'âge de l'armagnac, c'est-à-dire le nombre minimal d'années de vieillissement en fût, est indiqué comme suit : trois étoiles : deux ans; « VSOP » : cinq ans; « Napoléon » et « XO » : six ans; et « Hors d'âge » : dix ans. Un millésime sur l'étiquette indique l'année de la récolte et atteste aussi de la qualité du produit. Un armagnac millésimé ne se mélange pas, il se déguste pur, que l'on soit seul ou entre amis.

À l'extérieur de la France, le brandy est produit partout où la vigne pousse, dans les vieux pays – Espagne, Portugal, Italie, Grèce et Allemagne – comme sur le nouveau continent – aux États-Unis (surtout en Californie) et en Amérique du Sud (Chili).

b and b

méthode: verre à mélange   **glace:** glaçons

verre: à liqueur ou à cordial

L'un des « B » de ce cocktail représente la Bénédictine et l'autre, le brandy, de préférence du cognac. Les deux alcools s'entendent à merveille. La Bénédictine a été élaborée en 1510 par les moines bénédictins dans leur abbaye de Fécamp, en Normandie (France). La recette comporte quelque 27 herbes, plantes, écorces de fruits et fleurs. Le processus de fabrication dure trois ans et n'est complété qu'au terme de quatre ans supplémentaires de vieillissement.

ingrédients

3 à 4 glaçons

1 mesure de brandy ou de cognac

1 mesure de Bénédictine

méthode

Mettez tous les ingrédients dans un verre à mélange. Remuez et passez dans un verre à liqueur ou à cordial.

b and b collins

méthode: verre à mélange   **glace:** pilée

verre: highball ou à collins   **garniture:** rondelle de citron

Le collins tire sans doute son nom de John Collins – célèbre maître d'hôtel du café-hôtel Limmers, situé, de 1790 à 1817, sur la rue Conduit à Londres. – qui aurait créé le premier collins avec du gin. La version « B and B Collins » comporte du brandy arrosé de bénédictine.

ingrédients

2 bonnes cuillerées de glace pilée

2 mesures de brandy ou de cognac

jus de $^1/_2$ citron

1 c. à thé de sirop de sucre

eau de Seltz glacée, pour compléter

1 mesure de Bénédictine

1 rondelle de citron, pour garnir

méthode

Mettez la glace pilée dans un verre à mélange et ajoutez le brandy, le jus de citron et le sirop de sucre. Remuez bien et passez dans un verre à collins ou highball rafraîchi. Complétez d'eau de Seltz glacée. Arrosez délicatement la surface de Bénédictine et garnissez d'une rondelle de citron.

brandy alexander

méthode: shaker   **glace:** glaçons
verre: à cocktail ou   **garniture:** noix de muscade
coupe à champagne   ou chocolat râpé

À l'origine, l'Alexander était à base de gin. Plus tard, l'utilisation du brandy a fait de lui l'un des cocktails digestifs les plus
sophistiqués, tout en étant l'un des plus simples. Depuis,
d'autres Alexanders ont été créés, dont le Coffee Alexander
et l'Alexander's Sister, un délice pour les amateurs de menthe
(voir page 24).

ingrédients

2 à 3 glaçons

1 $1/_3$ mesure de crème de cacao brune

1 $1/_3$ mesure de crème fraîche épaisse

1 $1/_3$ mesure de brandy

noix de muscade ou chocolat râpé, pour décorer

méthode

Mettez les glaçons dans un shaker et ajoutez la crème de cacao, la
crème fraîche puis le brandy. Frappez bien et passez dans un verre
à cocktail ou une coupe à champagne. Décorez de noix de muscade
ou de chocolat râpé.

brandy flip

méthode: shaker

glace: concassée

verre: coupe à champagne

garniture: noix de muscade râpée

Les flips se préparaient autrefois au moyen de deux verres. On transvasait la boisson d'un verre à l'autre jusqu'à l'obtention d'un mélange homogène.

Aujourd'hui, on les prépare au shaker. Au 17e siècle, les flips contenaient un oeuf battu, du sucre, des épices, du rhum et parfois de la bière chaude, et ils étaient tous chauffés dans un chauffe-vin ou sur le feu. Aujourd'hui, on sert les flips en short drink froids, saupoudrés de noix de muscade râpée.

ingrédients

1 cuillerée de glace concassée

2 mesures de brandy

$\frac{1}{2}$ mesure de sirop de sucre

1 petit œuf battu

noix de muscade râpée, pour saupoudrer

méthode

Mettez la glace dans un shaker et ajoutez tous les ingrédients, sauf la noix de muscade. Secouez vigoureusement pour faire mousser l'œuf. Passez dans une coupe à champagne et saupoudrez de noix de muscade râpée.

Créez votre propre flip en remplaçant le brandy par votre alcool préféré — scotch whisky, bourbon, tequila, xérès, vodka ou rhum vieux.

sidecar

méthode: shaker   **glace:** glaçons

verre: à cocktail

Ce cocktail au goût vivifiant constitue un formidable apéritif. Selon la légende, le Sidecar a été nommé d'après son inventeur, un militaire quelque peu excentrique qui se faisait toujours conduire en moto (il était assis dans le side-car) au Harry's New York Bar à Paris, en France.

ingrédients

2 à 3 glaçons

$1\frac{1}{2}$ mesure de brandy ou de cognac

1 mesure de Cointreau

1 mesure de jus de citron (ou davantage, au goût)

méthode

Mettez les glaçons dans un shaker et versez le brandy, le Cointreau et le jus de citron. Frappez et passez dans un verre à cocktail.

stinger

méthode: verre à mélange   **glace:** glaçons

verre: à cocktail

Les origines du Stinger, comme celles de nombreux cocktails célèbres, remontent à la prohibition aux États-Unis. Le Stinger est un véritable classique. Traditionnellement, on le dégustait sans glace, mais aujourd'hui, on aime bien le siroter avec des glaçons. Très facile à faire, ce cocktail à la fraîcheur épicée est fort apprécié en digestif.

ingrédients

3 à 4 glaçons

$1\frac{1}{2}$ mesure de brandy ou de cognac

$\frac{3}{4}$ mesure de crème de menthe blanche

méthode

Mettez les glaçons dans un verre à mélange et versez le brandy et la crème de menthe. Remuez et passez dans un verre à cocktail.

between the sheets

méthode: shaker **glace:** glaçons
verre: à cocktail

Voici un cocktail classique des années 1930, au nom un tantinet osé (« entre les draps ») et au goût acidulé et fruité, comme il se doit. C'est une boisson à savourer le soir, avant de se mettre à table, avant d'aller au cinéma ou, pourquoi pas, avant de se glisser justement entre les draps !

ingrédients

3 à 4 glaçons

1 $^1/_2$ mesure de cognac

1 mesure de rhum léger

1 mesure de Cointreau

1 trait de jus de citron

méthode

Frappez tous les ingrédients au shaker et passez dans un verre à cocktail.

french connection

méthode: au verre directement **glace:** glaçons
verre: à whisky

Cette boisson douce-amère est un simple mélange de cognac et d'amaretto, une liqueur aromatisée aux amandes fabriquée en Italie à partir de noyaux d'abricots. On dit qu'elle a été inventée à Saronno en 1525, en hommage à l'artiste Bernardino Luini par son amante et modèle.

ingrédients

3 à 4 glaçons

1 mesure de cognac

$^3/_4$ mesure d'amaretto

méthode

Remplissez un verre à whisky à moitié de glaçons. Versez le cognac et l'amaretto et remuez.

ritz cocktail

méthode: shaker
verre: flûte à champagne

glace: glaçons
garniture: rondelle d'orange

Voici un cocktail digne d'une soirée chic au Ritz. En apéritif ou en digestif, ce splendide cocktail au champagne ravira tous vos hôtes. En fait, il est tellement délicieux que l'envie vous prendra de le boire n'importe où, n'importe quand.

ingrédients

3 à 4 glaçons

$^3/_4$ mesure de brandy ou de cognac

$^3/_4$ mesure de Cointreau

$^3/_4$ mesure de jus d'orange

champagne (ou vin blanc mousseux) glacé, pour compléter

$^1/_2$ rondelle d'orange, pour garnir

méthode

Mettez les glaçons dans un shaker et ajoutez le brandy, le Cointreau et le jus d'orange. Frappez et passez dans une flûte à champagne. Complétez de champagne ou de vin blanc mousseux et accrochez la demi-rondelle d'orange de façon désinvolte sur le bord du verre.

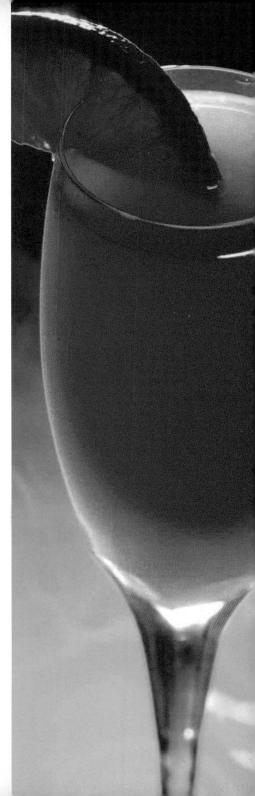

brandy cocktail

méthode: verre à mélange   **glace:** glaçons

verre: à cocktail   **garniture:** cerise au marasquin

Il existe de nombreuse versions du Brandy Cocktail et toutes sont délectables. Les deux variantes ci-dessous se préparent au verre à mélange et se servent dans des verres cocktail. Le Brandy Cocktail est montré sur la photo.

ingrédients

Brandy Cocktail 1
3 à 4 glaçons

1 1/2 mesure de brandy

1 c. à thé de sucre

3 traits d'Angostura bitters

1 cerise au marasquin, pour garnir

Brandy Cocktail 2
3 à 4 glaçons

2 mesures de brandy

1 mesure de vermouth sec

1 mesure de Grand Marnier

2 traits d'angostura bitters

1 fine lanière de zeste d'orange

méthode

Brandy Cocktail 1
Remuez tous les ingrédients dans un verre à mélange. Passez dans un verre à cocktail et garnissez d'une cerise.

Brandy Cocktail 1
Mettez les glaçons dans un verre à mélange et ajouter le brandy, le vermouth sec et le Grand Marnier. Remuez bien. Versez l'Angostura dans un verre à cocktail en le faisant tourner pour bien enrober l'intérieur du verre à cocktail. Pressez le zeste d'orange au-dessus de la boisson pour en extraire l'huile, puis jetez-le.

rolls royce

méthode: shaker   **glace:** pilée

verre: à cocktail

Ce cocktail très élégant est aussi très simple à préparer. Il suffit de mélanger en parts égales du jus d'orange, du cognac et du Cointreau, une liqueur aromatisée à l'orange fabriquée par la famille Cointreau depuis 1849.

ingrédients

2 à 3 cuillerées de glace pilée

1 mesure de cognac

1 mesure de Cointreau

1 mesure de jus d'orange

méthode

Mettez la glace pilée dans un shaker et ajoutez le cognac, le Cointreau et le jus d'orange. Frappez bien et versez dans un verre à cocktail bien rafraîchi.

charleston

méthode: verre à mélange   **glace:** glaçons
verre: highball

Le charleston, la danse la plus en vogue durant la prohibition, doit son nom à la ville du même nom en Caroline du Sud. À l'origine, le charleston se dansait en solo, sur un rythme rapide et syncopé. Il a été popularisé autour de l'année 1920 par les grandes comédies musicales, surtout celles qui se tenaient à Harlem dans l'état de New york, et s'est imposé avec la grande Joséphine Baker qui le dansait de façon endiablée. Ce cocktail est aussi attirant aujourd'hui qu'au temps des années folles.

ingrédients

8 à 10 glaçons
1 mesure de cherry brandy
1 mesure de Mandarine Napoléon
limonade, pour compléter

méthode

Remplissez un verre highball de glaçons. Mettez 2 à 3 glaçons dans un verre à mélange et ajoutez le cherry brandy et la Mandarine Napoléon. Remuez bien et passez dans le verre highball. Finalement, complétez de limonade.

egg nog

méthode: shaker **glace:** glaçons
verre: highball **garniture:** noix de muscade râpée

L'origine de cette boisson vient sans doute du « noggin », un petit verre de bière forte que l'on épaississait avec un œuf battu. De nos jours, le brandy ou le rhum sont utilisés à la place de la bière. Le Egg Nog est l'un des rares cocktails qui se préparent sans glace. C'est une merveilleuse boisson qui réchauffe le corps et l'esprit, idéale pour les soirées froides d'hiver et, traditionnellement, pour les lendemains de Noël devant une bonne flambée.

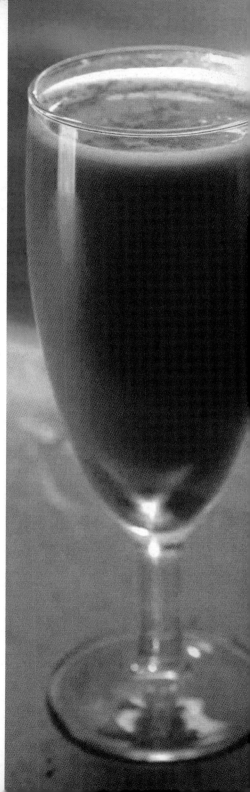

ingrédients

I mesure de brandy

I mesure de rhum vieux

I œuf frais

I trait de sirop de sucre

5 mesures de lait entier

noix de muscade râpée, pour saupoudrer

méthode

Versez le brandy, le rhum, l'œuf et le sirop de sucre dans un shaker et secouez vigoureusement pour faire mousser la boisson. Passez dans un verre highball, ajoutez le lait et remuez doucement. Saupoudrez d'un peu de noix de muscade râpée et servez à température ambiante.

the international

méthode: verre à mélange   **glace:** pilée
verre: à cocktail

Le nom de ce cocktail fait allusion aux différentes « natio-
nalités » des ingrédients. Une délicieuse boisson internationale résulte de l'alliance des cognac et Cointreau français
avec le ouzo grec et la vodka russe.

ingrédients

1 cuillerée de glace pilée

2 mesures de cognac

$1/_2$ mesure de vodka

$1/_2$ mesure de ouzo

$1/_2$ mesure de Cointreau

méthode

Mettez la glace pilée dans un verre à mélange et versez le cognac,
la vodka, le ouzo et le Cointreau. Remuez bien et passez dans un
verre à cocktail bien rafraîchi. Pour la touche finale, ajoutez les dra-
peaux des trois pays !

cherry blossom

méthode: shaker

verre: à cocktail

glace: glaçons

garniture: cerise au marasquin (facultatif)

Il existe plusieurs versions de ce cocktail, dont l'une est faite avec du gin et n'a rien à voir avec les cerises. Dans cette version, on utilise du cherry brandy, du cognac et un trait ou deux de grenadine pour accentuer la couleur rouge. Dans certains bars, le bord du verre est trempé dans du cherry brandy puis dans du sucre — faites-le si le cœur vous en dit.

ingrédients

3 à 4 glaçons

$^3/_4$ mesure de cognac

$^3/_4$ mesure de cherry brandy

$^3/_4$ mesure de jus de citron

2 c. à thé de Cointreau

2 c. à thé de grenadine

1 cerise au marasquin, pour garnir (facultatif)

méthode

Mettez les glaçons dans un shaker et ajoutez tous les ingrédients, sauf la garniture. Frappez et passez dans un verre à cocktail. Si vous le désirez, accrochez la cerise sur le bord du verre.

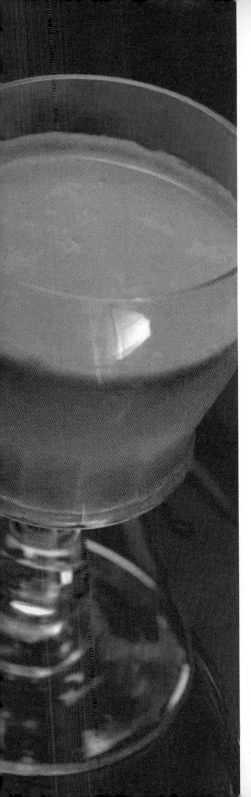

brandy zoom

méthode: shaker   **glace:** glaçons

verre: à cocktail

Les zooms étaient des cocktails populaires dans les années 1930. Malheureusement, ils ont disparu des bars à la fin de cette décennie. Vous pouvez faire un zoom avec n'importe quel alcool de base, y compris le gin, le rhum et le whisky, mais c'est tout toutefois meilleur avec du brandy.

ingrédients

3 à 4 glaçons

$1^1/_2$ mesure de brandy

$^3/_4$ mesure de crème

2 c. à thé de miel

méthode

Frappez tous les ingrédients au shaker. Passez dans un verre à cocktail et servez.

james

méthode: verre à mélange **glace:** glaçons

verre: à cocktail **garniture:** cerise au marasquin verte

Délicat et sec, ce cocktail est un équilibre parfait de saveurs et constitue un digestif idéal et élégant. Le cognac est combiné au gin, dont le goût astringent est compensé par la douceur de la Chartreuse jaune. La Chartreuse est l'une des liqueurs les plus anciennes. Elle est toujours fabriquée par les moines chartreux et seulement trois moines à la fois connaissent la formule secrète.

ingrédients

3 à 4 glaçons

$^3/_4$ mesure de cognac

$^3/_4$ mesure de gin

$^3/_4$ mesure de Chartreuse jaune

1 cerise au marasquin verte, pour garnir

méthode

Mettez les glaçons dans un verre à mélange et versez le cognac, le gin et la Chartreuse jaune. Mélangez puis passez dans un verre à cocktail. Accrochez une cerise verte au marasquin sur le bord.

picasso

méthode: shaker **glace:** glaçons
verre: à cocktail

De nombreux cocktails ont été nommés en hommage à des artistes et auteurs, comme le Bellini, le Hemingway Special, le Verdi, le Caruso et le Marilyn Monroe. Il y a même une liqueur de chocolat qui s'appelle Mozart. Ce cocktail a été créé à la gloire de Pablo Picasso, le grand maître incontesté du mouvement moderne.

ingrédients

3 à 4 glaçons

1 mesure de cognac

¾ mesure de Dubonnet

2 c. à thé de jus de citron

4 traits de sirop de sucre

méthode

Frappez tous les ingrédients au shaker, puis passez dans un verre à cocktail.

cocktails à base de calvados et d'applejack

La gamme de fruits qui peuvent être appréciés sous forme alcoolisée est pratiquement infinie; toutefois, certains s'y prêtent mieux que d'autres. C'est avant tout une question de teneur en sucre du fruit.

Le calvados est une eau-de-vie de pomme, élaborée à partir du cidre produit en Normandie (France). Selon la loi française, seules ont droit à l'appellation « calvados » les eaux-de-vie distillées à partir de cidres provenant de seulement 11 zones délimitées. Après la distillation, le liquide est mis à vieillir en barrique de chêne ou de châtaignier pendant au moins deux ans. Plus le calvados vieillit, plus il acquiert une couleur ambre foncé et un goût velouté et aromatique. En France, une eau-de-vie aussi fine n'accompagne pas un repas; on la sert plutôt dans les grands dîners copieux, entre deux plats, pour aider à la digestion et stimuler l'appétit pour le reste du repas. C'est ce que l'on appelle un « trou normand ». Pour beaucoup de Français, le calvados est la dernière boisson alcoolisée de la journée ou la première. En effet, pourquoi ne pas commencer la journée avec un bon café-calva? C'est-à-dire, un café fort servi avec un petit verre de calvados, ou un café fort arrosé de calvados.

À l'instar du cognac et de l'armagnac, le calvados est commercialisé sous différentes désignations pour indiquer le nombre minimal d'années qu'il a vieilli en fût : trois étoiles : deux ans; « Vieux » et « Réserve » : trois ans; « VO », « Vieille réserve » ou « VSOP » : quatre ans; « Extra » ou « XO », « Napoléon », « Hors d'âge » et « Âge inconnu » : six ans.

Il y a beaucoup d'autres eaux-de-vie de pomme, comme les produits français fabriqués hors des zones de production contrôlées, qui ne peuvent se prévaloir de l'appellation calvados, mais qui, néanmoins, sont des produits de qualité. L'*applejack* est une délicieuse eau-de-vie de cidre américaine, et une spécialité de la Nouvelle-Angleterre. L'Espagne produit également sa propre version, appelée *aguardiente de sidra*. En Autriche et en Allemagne, on fabrique le *Obstler* à partir de pommes fermentées (ou de poires, ou d'un mélange des deux). La variété de fruits doit être énumérée sur l'étiquette et la majorité de ces eaux-de-vie titrent entre 80 et 100 % d'alcool par volume.

Les jeunes calvados, applejacks et eaux-de-vie de pomme en général sont de plus en plus appréciés sur glace ou dans des cocktails. Voici quelques recettes qui vous plairont. Les proverbes « une pomme par jour éloigne le médecin pour toujours » ou « pomme du matin éloigne le médecin » devraient s'appliquer ici aussi !

boston

méthode: verre à mélange   **glace:** glaçons
verre: à cocktail

Beaucoup de cocktails portent des noms de villes, mais peu de villes ont leur nom cité aussi souvent que Boston, au Massachusetts ! Le Boston Cocktail est à base de gin et d'apricot brandy, alors que le Boston Punch et le Boston tirent tous deux profit de la saveur des pommes. Dans cette recette, on fait appel au calvados français.

ingrédients

3 à 4 glaçons
1 mesure de calvados
2 c. à thé de gin
2 c. à thé de scotch whisky

méthode

Mettez les glaçons dans un verre à mélange et ajoutez le calvados, le gin et le scotch. Passez dans un verre à cocktail.

calvados sour

méthode: shaker

verre: à whisky

glace: glaçons

garniture: rondelle d'orange et cerise au marasquin

Les sours sont entrés sur la scène des cocktails dans les années 1850, le premier étant le Whiskey Sour. Ces boissons sont devenues très populaires et ont même eu leur propre verre sur pied. Aujourd'hui, on les sert généralement dans un verre à whisky. C'est au cours des années 1880 que l'on a commencé à ajouter de l'eau minérale gazeuse, mais toujours sur une base facultative.

ingrédients

6 à 8 glaçons

$^3/_4$ mesure de jus de citron

2 c. à thé de sirop de sucre

1$^1/_2$ mesure de calvados

$^1/_2$ rondelle d'orange, pour garnir

1 cerise au marasquin, pour garnir

eau minérale gazeuse glacée, pour compléter (facultatif)

méthode

Remplissez un verre à whisky à moitié de glaçons. Mettez les glaçons restants dans un shaker et ajoutez le jus de citron, le sirop de sucre et le calvados. Frappez bien et passez dans le verre à whisky. Garnissez d'une demi-rondelle d'orange et d'une cerise au marasquin. Si vous le désirez, complétez d'un trait ou deux d'eau minérale gazeuse.

white wing

méthode: shaker   **glace:** glaçons
verre: à cocktail

Le calvados est l'une des spécialités de la Normandie, une
région du nord-est de la France. Le meilleur calvados provient
de l'aire d'appellation contrôlée Pays d'Auge. Ce cocktail
qui allie avec subtilité les saveurs de pommes et de menthe
est un digestif des plus plaisants.

ingrédients

3 à 4 glaçons

I mesure de calvados

I mesure de crème de menthe blanche

méthode

Mettez les glaçons dans un shaker, puis ajoutez le calvados et la
crème de menthe. Frappez bien et passez dans un verre à cocktail.

vermont

méthode: shaker   **glace:** glaçons
verre: à cocktail

L'état du Vermont est surnommé le « Lone Pine State »
(état du pin solitaire). Sur l'emblème de son drapeau figure
un pin surgissant de la Montagne Verte, une chaîne de montagne populaire pour les sports d'hiver. Ce mélange fruité
d'eau-de-vie de cidre et de grenadine est idéal pour se
détendre après le ski ou après un repas copieux typique
de la Nouvelle-Angleterre.

ingrédients

3 à 4 glaçons

1 $^1/_2$ mesure de calvados ou d'Applejack

2 c. à thé de grenadine

2 c. à thé de jus de citron

méthode

Frappez tous les ingrédients au shaker. Passez dans un verre à cocktail,
prenez une gorgée et sentez vos joues retrouver leurs couleurs !

applejack rabbit

méthode: shaker
verre: à cocktail

glace: glaçons
garniture: rondelle d'orange

La France produit du calvados et la Nouvelle-Angleterre fabrique sa propre eau-de-vie de pomme, le fameux applejack. Ce cocktail comporte également du sirop d'érable, la sève des érables à sucre rouges et argentés que l'on recueille au printemps, au moment où les lièvres commencent eux aussi à sentir « sève » monter !

ingrédients

3 à 4 glaçons

$^3/_4$ mesure d'applejack

$^3/_4$ mesure de jus d'orange

$^3/_4$ mesure de jus de citron

$^3/_4$ mesure de sirop d'érable

$^1/_2$ rondelle d'orange, pour garnir

méthode

Mettez tous les ingrédients dans un shaker, sauf la garniture. Secouez énergiquement et passez dans un verre à cocktail. Garnissez d'une demi-rondelle d'orange.

lumberjack

méthode: verre à mélange   **glace:** glaçons

verre: à whisky   **garniture:** zeste de citron

Le «Jack» dans ce cocktail fait référence à l'applejack, l'eau-de-vie de cidre qui fait la renommée de la Nouvelle-Angleterre. Ce brandy est aussi fabriqué sur la côte ouest des États-Unis, généralement sous l'appellation «eau-de-vie de pomme» pour faire la distinction avec son cousin de l'est.

ingrédients

8 à 10 glaçons

2 c. à thé de gin

2 c. à thé de scotch whisky

1 mesure de calvados ou d'applejack

1 fine lanière de zeste de citron, pour garnir

méthode

Mettez quelques glaçons dans un verre à mélange et ajoutez le gin, le scotch et le calvados ou l'applejack. Passez dans un verre à whisky rempli à moitié de glaçons. Pressez le zeste de citron au-dessus de la boisson pour en extraire l'huile et laissez-le tomber dans la boisson.

b and c

méthode: au verre directement **glace:** glaçons
verre: à whisky

Le nom « B and C » est un moyen mnémotechnique pratique pour retenir les ingrédients du cocktail : B(énédictine) et C (alvados), – deux produits qui font la fierté de la région de la Normandie en, une région de France. Selon la légende locale, le département du Calvados tire son nom d'un galion de l'Invincible Armada qui s'était échoué sur la côte française après avoir été pourchassé par Sir Francis Drake.

ingrédients

3 à 4 glaçons
$^3/_4$ mesure de Bénédictine
$^3/_4$ mesure de calvados

méthode

Mettez les glaçons dans un verre à whisky. Versez la Bénédictine et le calvados, puis remuez gentiment.

normandy

méthode: shaker

glace: glaçons

verre: coupe

garniture: zeste de citron

La Normandie (France) étant le berceau du calvados, il faut s'attendre à ce qu'un cocktail de ce nom renferme la précieuse eau-de-vie de pomme. Avec sa spirale de zeste de citron accrochée au bord du verre, cette boisson ressemble à un cooler bien qu'elle ne contienne pas d'eau de Seltz – cependant, rien ne vous empêche d'en ajouter pour en faire un long drink.

ingrédients

1 quartier de citron, pour givrer

sucre en poudre, pour givrer

3 à 4 glaçons

$^3/_4$ mesure de jus d'orange

2 c. à thé de sirop de sucre

1 mesure de calvados

1 fine spirale de zeste de citron, pour garnir

méthode

Frottez le bord d'une coupe avec un quartier de citron, puis trempez le bord humecté dans le sucre en poudre. Mettez des glaçons dans un shaker et ajoutez le jus d'orange, le sirop de sucre et le calvados. Frappez et passez dans la coupe givrée, puis accrochez la spirale de zeste de citron.

calvados cocktail

méthode: shaker   **glace:** glaçons

verre: à cocktail   **garniture:** rondelle d'orange (2)

Voici deux des nombreuses versions de ce cocktail. La première est fruitée et légèrement sucrée. La seconde est
aussi fruitée mais a un goût un peu plus doux. Essayez les
deux et choisissez votre préférée. Le Calvados Cocktail I
est montré sur la photo.

ingrédients

Calvados Cocktail I
3 à 4 glaçons

$1^1/_2$ mesure de calvados

$^3/_4$ mesure de grenadine

$^3/_4$ mesure de jus d'orange

I trait d'orange bitters

Calvados Cocktail 2
3 à 4 glaçons

$^3/_4$ mesure de calvados

$^3/_4$ mesure de Grand Marnier

$^3/_4$ mesure de jus d'orange

$^1/_2$ rondelle d'orange, pour garnir

méthode

Frappez tous les ingrédients (sauf la garniture dans la version 2) au
shaker et passez dans un verre à cocktail. Pour la version 2, garnissez d'une demi-rondelle d'orange avant de servir.

apple blossom

méthode: mixeur   **glace:** pilée

verre: coupe à champagne   **garniture:** rondelle de citron

La fleur des états du Michigan et de l'Arkansas est l'« apple blossom », la fleur du pommier. Cette boisson frappée pour adulte est une variante du Cherry Blossom (voir page 131) à base de cognac. Dans ce cocktail, l'édulcorant utilisé est le sirop d'érable qui est maintenant largement vendu à l'extérieur de l'Amérique du Nord.

ingrédients

1 bonne cuillerée de glace pilée

1 mesure de calvados ou d'applejack

$3/_4$ mesure de jus de pomme

1 c. à thé de sirop d'érable

2 c. à thé de jus de citron

$1/_2$ rondelle de citron, pour garnir

méthode

Mettez la glace pilée dans un mixeur et versez le calvados ou l'applejack, le jus de pomme, le sirop d'érable et le jus de citron. Mélangez brièvement et versez dans une coupe à champagne rafraîchie. Garnissez d'une demi-rondelle de citron.

apple fizz

méthode: shaker   **glace:** glaçons

verre: à whisky   **garniture:** rondelle de citron

Élaborés au cours des années 1870, les fizzes étaient traditionnellement servis le matin ou à midi. Vous pouvez préparer votre fizz aussi long ou aussi court que vous le désirez, en ajoutant de l'eau de Seltz glacée. Toutefois, ne remplissez le verre de glaçons qu'à moitié, pour permettre à l'eau de pétiller.

ingrédients

6 à 8 glaçons

1 mesure d'applejack ou de calvados

1 mesure de jus de citron

1 mesure de sirop d'érable

eau de Seltz glacée, pour compléter

1 rondelle de citron, pour garnir

méthode

Mettez 2 ou 3 glaçons dans un shaker et ajoutez tous les ingrédients, sauf l'eau de Seltz et la garniture. Frappez et passez dans un verre à whisky rempli à moitié de glaçons. Complétez d'eau de Seltz au goût et garnissez avec la rondelle de citron.

bentley

méthode: verre à mélange   **glace:** glaçons
verre: à cocktail

Voici un apéritif demi-sec classique, aussi chic et racé qu'une Bentley !

ingrédients

3 à 4 glaçons
1 mesure de calvados
1 mesure de Dubonnet

méthode

Mettez les glaçons dans un verre à mélange et ajoutez le calvados et le Dubonnet. Remuez puis passez dans un verre à cocktail.

frozen apple

méthode: mixeur   **glace:** pilée
verre: à cocktail

Préparé au mixeur, ce cocktail contient de l'eau-de-vie de cidre et un demi-blanc d'œuf qui lui donne un aspect mousseux et givré. Rassurez-vous, l'œuf est en fait « cuit » par l'alcool. Si l'œuf ne vous dit vraiment rien, laissez-le de côté ou remplacez-le par un trait de jus d'orange.

ingrédients

I bonne cuillerée de glace pilée

I mesure d'applejack ou de calvados

I c. à thé de sucre

2 c. à thé de jus de lime

$^1/_2$ blanc d'œuf

méthode

Mettez la glace pilée dans un mixeur et ajoutez les autres ingrédients. Mélangez jusqu'à homogénéité et versez dans un verre à cocktail rafraîchi.

steeplejack

méthode: au verre directement   **glace:** glaçons
verre: highball ou à collins   **garniture:** rondelle de citron

Le Steeplejack est servi dans un verre haut qui rappelle un clocher, d'où le « Steeple », et contient de l'apple « jack ». Cette délicieuse boisson rafraîchissante est un croisement de fizz et de collins du 19ᵉ siècle, mais elle est très facile à préparer. Il suffit de verser de l'applejack, du jus de pomme et de l'eau de Seltz glacée sur des glaçons.

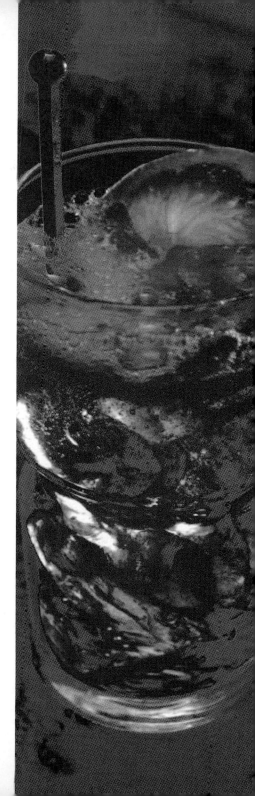

ingrédients

6 à 8 glaçons
1 mesure d'applejack
1 $^1/_2$ mesure de jus de pomme glacé
1 $^1/_2$ mesure d'eau de Seltz glacée
1 rondelle de citron, pour garnir

méthode

Remplissez de glaçons un verre highball ou à collins et ajoutez les autres ingrédients, sauf la garniture. Remuez délicatement, garnissez avec la rondelle de citron et servez.

widow's kiss

méthode: shaker   **glace:** pilée

verre: à cocktail   **garniture:** fraise

Voici l'un des plus luxueux cocktails jamais inventés, qui allie trois des meilleurs produits français : le calvados et la Bénédictine de Normandie et la Chartreuse, issue des contreforts boisés des Alpes, près de Grenoble. La fraise qui flotte dans la boisson est une touche aussi originale que délicieuse !

ingrédients

1 bonne cuillerée de glace pilée

1 mesure de calvados

1 mesure de Bénédictine

$^{1}/_{2}$ mesure de Chartreuse jaune

1 trait d'Angostura bitters

1 fraise, pour garnir

méthode

Mettez la glace pilée dans un shaker et versez le calvados, la Bénédictine et la Chartreuse, puis ajoutez un trait de d'Angostura. Frappez bien et passez dans un verre à cocktail rafraîchi. Pour terminer, faites flotter la fraise.

liberty

méthode: verre à mélange   **glace:** glaçons
verre: à cocktail

La statue de la Liberté qui accueille tous les visiteurs au port de New York était un cadeau de la France en hommage à l'indépendance des États-Unis. Mesdames et Messieurs, levez votre verre de Liberty à la liberté!

ingrédients

3 à 4 glaçons

1 1/2 mesure de calvados

3/4 mesure de rhum

1 trait de sirop de sucre

méthode

Mettez les glaçons dans un verre à mélange et ajoutez les ingrédients restants. Mélangez et passez dans un verre à cocktail rafraîchi.

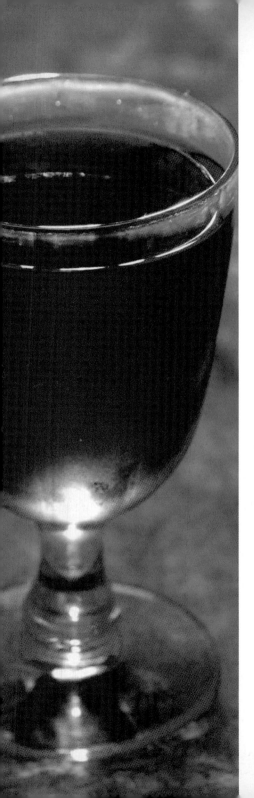

big apple

méthode: verre à mélange   **glace:** glaçons

verre: à cocktail

« Big Apple » est le surnom bien connu de New York, mais saviez-vous que c'était aussi le nom d'une danse jazz ? Laissez-vous entraîner par ce cocktail à base d'applejack, aussi appelé « Jersey lightning » d'après l'état dans lequel il est produit.

ingrédients

3 à 4 glaçons

1 mesure de jus de pomme

2 c. à thé de brandy

1 mesure d'applejack

méthode

Mettez les glaçons dans un verre à mélange et ajoutez le jus de pomme, le brandy et l'applejack. Remuez et passez dans un verre à cocktail rafraîchi.

cocktails à base d'eau-de-vie, d'acquavit et de schnaps

Les eaux-de-vie de vin, de grain et de fruits sont toutes des brandys. Employé seul, le terme brandy s'applique aux eaux-de-vie de vin, mais comme le cognac et l'armagnac bénéficient d'une appellation contrôlée, régie par la loi, ce terme qualifie le plus souvent les eaux-de-vie de vin fabriquées hors de la France. Quant aux eaux-de-vie de fruits, elles sont généralement incolores et vieillies dans des récipients de verre ou de grès, et non en barrique de bois. En conséquence, elles sont parfois appelées « alcools blancs » et elles titrent entre 38 et 45 % vol.

Certaines des eaux-de-vie les plus fines sont produites en Alsace, à la frontière de la France et de l'Allemagne, dans la région de la Forêt noire en Allemagne et dans le nord de la Suisse. Tous les types de fruits sont utilisés, mais les eaux-de-vie les plus connues sont celles obtenues à partir de cerises, comme le kirsch, de prunes, comme la quetsche (prune violette, oblongue) et la délicate mirabelle (petite prune jaune), de fraises et de framboises. La poire williams est une eau-de-vie fabriquée surtout en Suisse, à partir de la poire du même nom, appelée aussi poire bartlett. La caractéristique de cette eau-de-vie, c'est que chaque bouteille contient une poire. Les bouteilles sont attachées aux arbres de sorte que la poire pousse à l'intérieur de sa propre miniserre. On récolte ensuite le fruit et la bouteille que l'on remplit subséquemment d'eau-de-vie de poire bien parfumée.

L'aquavit (ou akvavit) est le nom donné aux eaux-de-vie scandinaves, quels qu'en soient les aromates (souvent du carvi et de l'aneth). L'aquavit est un alcool neutre distillé à partir de grain, puis redistillé en présence d'aromates, un peu comme le gin. Selon les dires, l'akvavit danois existe depuis 1846, au moment où Isidor Henius, un distillateur polonais établi à Aalborg, au Danemark, a commencé à produire l'Aalborg Taffel — ou « Aalborg rouge », d'après la couleur de l'étiquette. L'aquavit se déguste glacé dans un petit verre à whisky, mais il constitue aussi une excellente base de cocktails entre les mains de barmans créatifs.

À l'origine, le mot allemand *Schnaps* ou *Schnapps* signifiait « gorgée » ou « lampée ». En Autriche, on le sert souvent glacé et pur. Il est aromatisé aux pommes et aux poires (Obstler), aux prunes ou aux cerises. En Allemagne, on sert aussi le schnaps pur, mais on ne le boit pas cul sec. Au contraire, on le savoure jusqu'au bout la langue ! Le korn est un autre type de schnaps des régions d'Europe de langue allemande, et il est élaboré à partir de plusieurs variétés de céréales.

midnight sun

méthode: shaker   **glace:** glaçons

verre: coupe à champagne   **garniture:** rondelle d'orange

Tout au nord de la Scandinavie, dans le cercle arctique, le soleil est visible à minuit au beau milieu de l'été. L'aquavit est généralement servi glacé mais ici, sa froideur nordique est réchauffée par quelques traits de grenadine, un sirop sucré à base de grenade.

ingrédients

3 à 4 glaçons

1 c. à thé de jus de pamplemousse

2 c. à thé de jus de citron

2 c. à thé de sirop de sucre

2 traits de grenadine

1 mesure d'aquavit

$^1/_2$ rondelle d'orange, pour garnir

méthode

Mettez des glaçons dans un shaker et ajoutez le jus de pamplemousse, le jus de citron, le sirop de sucre, la grenadine et l'aquavit. Frappez bien et passez dans une coupe à champagne. Garnissez d'une demi-rondelle d'orange.

danish dynamite

méthode: shaker   **glace:** glaçons

verre: à cocktail   **garniture:** rondelle d'orange

C'est un distillateur polonais nommé Isidor Henius qui, en s'essayant à la fabrication de l'aquavit, a inventé l'Aalborg Taffel en 1846. Ce cocktail porte bien son nom : le duo aquavit et vodka produit un effet dynamite, surtout s'il est servi extrêmement glacé.

ingrédients

- 3 à 4 glaçons
- 1 1/2 mesure de jus d'orange
- 1 mesure d'aquavit
- 2 c. à thé de jus de lime
- 1/2 rondelle d'orange, pour garnir

méthode

Frappez tous les ingrédients au shaker, sauf la garniture. Passez dans un verre à cocktail et accrochez la demi-rondelle d'orange sur le bord du verre.

time bomb

méthode: shaker **glace:** glaçons
verre: à cocktail **garniture:** zeste de citron

L'Aalborg Taffel est le plus connu des aquavits danois. On le surnomme affectueusement l'« Aalborg rouge », d'après les détails rouges sur son étiquette. Cet aquavit aromatisé au carvi est fabriqué dans la ville d'Aalborg depuis 1846.

ingrédients

3 à 4 glaçons
$^3/_4$ mesure d'aquavit
$^3/_4$ mesure de vodka
$^3/_4$ mesure de jus de citron
1 fine lanière de zeste de citron, pour garnir

méthode

Mettez les glaçons dans un shaker et ajoutez les autres ingrédients, sauf la garniture. Frappez et passez dans un verre à cocktail bien rafraîchi et déposez une lanière de zeste de citron sur le bord du verre.

art

méthode: au verre directement   **glace:** glaçons
verre: highball ou à collins   **garniture:** cerise au marasquin

Ce superbe long drink est fait à base de kirsch, une eau-de-vie de fruits élaborée à partir de cerises, dans la région où la France, l'Allemagne et la Suisse se rencontrent. Le kirsch est le nom donné à une eau-de-vie qui garde le goût du fruit, alors que Kirschwasser (eau de cerise) indique un alcool plus sec, plus puissant. Les quatre cerises sont une caractéristique unique à ce cocktail.

ingrédients

4 à 6 glaçons

1 mesure de kirsch

$^3/_4$ mesure de grenadine

eau de Seltz glacée, pour compléter

4 cerises au marasquin, pour garnir

méthode

Remplissez un verre highball ou à collins à moitié de glaçons. Versez le kirsch et la grenadine, et remuez doucement. Complétez d'eau de Seltz glacé et remuez brièvement. Faites flotter 4 cerises au marasquin dans le verre, ajoutez un bâton mélangeur et servez.

kornelius

méthode: shaker   **glace:** glaçons

verre: à cocktail   **garniture:** rondelle d'orange

Le nom de ce cocktail fait référence à son ingrédient principal, le korn, une eau-de-vie de grain claire originaire des montagnes d'Harz, en Allemagne. En principe, c'est un type de schnaps, mais au lieu de le boire cul sec, on le déguste en bouche. Ici, la saveur est rehaussée par la présence de deux vermouths.

ingrédients

3 à 4 glaçons

1 mesure de korn (ou de schnaps non aromatisé)

2 c. à thé de vermouth sec

2 c. à thé de vermouth rouge doux

2 c. à thé de grenadine

1 rondelle d'orange, pour garnir

méthode

Mettez tous les ingrédients dans un shaker, sauf la garniture. Frappez et passez dans un verre à cocktail rafraîchi. Garnissez avec la rondelle d'orange.

akavit rickey

méthode: au verre directement **glace:** glaçons
verre: highball

Les rickeys sont des cocktails non sucrés, à base d'eau-de-vie, de jus de lime et d'eau de Seltz. Ils ont été préparés pour la première fois vers 1893, dans le restaurant Shoemaker à Washington (USA), pour le lobbyiste au Congrès américain Joe Rickey, connu sous le nom de « Colonel Jim ».

ingrédients

4 à 6 glaçons

$1/_4$ de lime

2 mesures d'aquavit

1 c. à thé de kümmel

eau de Seltz glacée, pour compléter

méthode

Remplissez de glaçons la moitié d'un verre highball. Pressez le quart de lime directement sur les glaçons et laissez-le tomber dans le verre. Ajoutez l'aquavit et le kümmel. Remuez et complétez d'eau de Seltz glacée.

Vous pouvez préparer un rickey avec n'importe quel alcool. Remplacez l'aquavit et le kümmel par 2 mesures de votre eau-de-vie préférée.

akatini

méthode: verre à mélange **glace:** glaçons
verre: à cocktail

Cette variation sur le thème du Martini vient de Lysholm
Linie, le fabricant du fameux aquavit norvégien. En 1805, dans
une tentative d'établir un commerce à l'étranger, Jorgen B.
Lysholm envoya des eaux-de-vie de pomme de terre vers
les Indes orientales. L'eau-de-vie fit une traversée par l'équateur – d'où le mot *linie* (ligne) dans le nom de la compagnie
– et dut revenir au pays car elle ne s'était pas vendue, mais
son séjour en mer améliora grandement son goût!

ingrédients

3 à 4 glaçons

1 trait de Noilly Prat

1 1/2 mesure d'aquavit Lysholm Linie

méthode

Mettez des glaçons dans un verre à mélange et ajoutez le Noilly
Prat et l'aquavit. Remuez brièvement et passez dans un verre à
cocktail bien rafraîchi.

the viking

méthode: shaker **glace:** glaçons
verre: à cocktail

Depuis que M. Lysholm a envoyé son eau-de-vie faire son premier voyage en mer, l'aquavit Lysholm Linie est mis à vieillir sur un navire pendant une traversée de quatre mois et demi. La date du voyage et le nom du bateau sont écrits sur l'étiquette de chaque bouteille! Cette recette offerte par Lysholm Linie contient un fruit tropical que l'aquavit aurait pu croiser sur sa route vers l'équateur.

ingrédients

6 glaçons

1 mesure de jus d'ananas

1 mesure de curaçao blanc

1 mesure d'aquavit Lysholm Linie

méthode

Mettez les glaçons dans un shaker et ajoutez le jus d'ananas, le curaçao blanc et l'aquavit. Frappez bien et passez dans un verre à cocktail.

grand quetsch

méthode: verre à mélange   **glace:** pilée

verre: à cocktail   **garniture:** rondelle d'orange

La quetsche (ou *Zwetchenwasser*) est l'une des grandes eaux-de-vie du monde. Elle est distillée à partir de quetsches, des prunes oblongues, violet foncé et acidulées. Dans le nom du cocktail, le « grand » se rapporte au Grand Marnier, la liqueur fine française à base de cognac.

ingrédients

I mesure de Grand Marnier

I c. à thé de quetsche

I c. à thé de jus d'orange

I cuillerée de glace pilée

I rondelle d'orange, pour garnir

méthode

Versez le Grand Marnier, la quetsche et le jus d'orange dans un verre à mélange et remuez. Mettez la glace pilée dans un verre à cocktail et ajoutez la boisson mélangée. Pour finir, garnissez d'une rondelle d'orange.

dorchester golden fizz

méthode: shaker **glace:** glaçons
verre: highball

Ce magnifique long drink a été inventé par Guilio Morandin du Dorchester Hotel, sur la prestigieuse Park Lane de Londres. Le schnaps est maintenant offert dans une grande variété de saveurs qui se prêtent bien aux cocktails : pommes, cerises, menthe, cannelle, mûres, pêches — comme dans ce cocktail — et même banane au caramel !

ingrédients

8 à 10 glaçons

1 1/2 c. à thé de jus de citron

1 c. à thé de sirop de sucre

1/2 mesure de schnaps aux pêches

1 mesure de rhum blanc

1 trait de blanc d'œuf

limonade glacée, pour compléter

méthode

Mettez la moitié des glaçons dans un shaker et versez-y le jus de citron, le sirop de sucre, le schnaps aux pêches et le rhum blanc. Ajoutez un trait de blanc d'œuf et secouez énergiquement pour faire mousser le mélange. Passez dans un verre highball rempli à moitié des glaçons restants. Complétez de limonade glacée.

silver bullet

méthode: verre à mélange **glace:** glaçons

verre: à cocktail

Ce cocktail classique fait appel à la vodka et au kümmel, une liqueur à base de carvi, de cumin, de fenouil, d'iris et d'une foule d'autres herbes. Le kümmel a été créé à Amsterdam à la fin du 16e siècle par Lucas Bols. Il a été importé à la distillerie du manoir d'Allasch, près de Riga en Lettonie, par le tsar russe Pierre le Grand qui travaillait incognito comme sur les chantiers navals hollandais.

ingrédients

3 à 4 glaçons

1 mesure de kümmel

1 $^1/_2$ mesure de vodka

méthode

Mettez les glaçons dans un verre à mélange et ajoutez le kümmel et la vodka. Remuez brièvement et passez dans un verre à cocktail.

flashing fizz

méthode: shaker **glace:** glaçons
verre: highball ou à collins

La Suisse est réputée pour son kirsch. Pas étonnant, c'est le plus grand producteur mondial de cerises! Le kirsch est élaboré à partir de guignes, des cerises presque noires dont les meilleures poussent au faîte de l'arbre – toutefois, certains connaisseurs affirment que le kirsch le plus fin s'obtient à partir de cerises sauvages. Ce fizz met aussi en valeur la crème de cassis, spécialité de la région de Dijon, en France.

ingrédients

8 à 10 glaçons
1 mesure de kirsch
$^1/_2$ mesure de crème de cassis
eau minérale gazeuse glacée, pour compléter

méthode

Mettez la moitié des glaçons dans un shaker et ajoutez le kirsch et la crème de cassis. Remuez et passez dans un verre highball ou à collins rempli à moitié des glaçons restants. Complétez d'eau minérale gazeuse.

rosalind russell

méthode: verre à mélange   **glace:** glaçons
verre: à cocktail

La vedette hollywoodienne qui a inspiré le nom de ce cocktail est née en fait au Danemark. Ce cocktail aromatisé au carvi se doit donc de faire appel à un aquavit comme l'« Aalborg rouge ». Le second ingrédient est le vermouth rouge dont l'exploitation commerciale a débuté au cours du 18e siècle à Turin, en Italie, sous la direction de Carlo et Giovanno Cinzano. Cependant, les anciens Égyptiens étaient parmi les premiers à muter (ou fortifier) et à aromatiser le vin.

ingrédients

3 à 4 glaçons
2 mesures d'aquavit danois
1 mesure de vermouth rouge
1 fine lanière de zeste de citron

méthode

Mettez les ingrédients dans un verre à mélange, sauf le zeste de citron, et remuez. Passez dans un verre à cocktail bien rafraîchi. Pressez le zeste de citron au-dessus de la boisson pour en extraire l'huile, puis jetez-le.

korn sour

méthode: shaker   **glace:** glaçons

verre: à whisky   **garniture:** cerise au marasquin

Les sours sont les plus simples des cocktails classiques. Ils sont composés d'une eau-de-vie, de citron et de sucre. Comme leur nom l'indique, ils ne devraient jamais goûter le sucre; toutefois, vous pouvez en ajuster la quantité à votre gré. Dans ce sour, on utilise du korn, un type de schnaps élaboré à partir d'une variété de céréales. Il y a aussi le doppel korn, qui signifie littéralement « double grain » et qui est distillé à partir du blé.

ingrédients

8 à 10 glaçons

2 c. à thé de sirop de sucre

$^3/_4$ mesure de jus de citron

$1^1/_2$ mesure de korn ou autre schnaps

eau minérale gazeuse glacée, pour compléter (facultatif)

1 cerise au marasquin, pour garnir

méthode

Mettez 3 à 4 glaçons dans un shaker et versez le sirop de sucre, le jus de citron et le korn. Frappez bien et passez dans un verre à whisky rempli à moitié des glaçons restants. Complétez d'eau minérale gazeuse, si vous le désirez, et garnissez d'une cerise au marasquin.

poire william & bitter lemon

méthode: au verre directement   **glace:** glaçons

verre: highball ou à collins   **garniture:** quartier de poire

Ce long drink très simple est à base de poire williams — aussi connue sous le nom de marque Williamine — une eau-de-vie aromatique distillée à partir de poires du même nom. Chaque bouteille contient une poire qui a grandi dans sa propre petite serre! Si vous n'avez jamais goûté à la poire williams, ce mélange fruité et acidulé sera une belle introduction.

ingrédients

3 à 4 glaçons

$1^{1}/_{2}$ mesure de poire williams

soda amer au citron glacé, pour compléter

1 quartier de poire, pour garnir

méthode

Mettez les glaçons dans un verre highball ou à collins et ajoutez la poire williams. Complétez de soda amer glacé et garnissez d'un quartier de poire.

danish mary

méthode: au verre directement   **glace:** glaçons

verre: highball ou à collins   **garniture:** branche de céleri

Voici l'une des nombreuses variantes du fameux Bloody Mary inventé en 1921 par Fernand « Pete » Petiot, du Harry's Bar de Paris, qui l'aurait supposément nommé d'après la star hollywoodienne Mary Pickford. Mary est internationale. Donnez-lui de l'aquavit danois et elle est « Danish Mary »; du korn et elle devient « German Mary »; de la tequila et elle se transforme en « Bloody Maria »; privez-la d'alcool et elle redevient « Virgin Mary ».

ingrédients

3 à 4 glaçons

$3^1/_2$ mesures de jus de tomate

2 c. à thé de jus de citron

$^3/_4$ mesure d'aquavit danois

poivre frais moulu

sel de céleri

2 traits de sauce Worcestershire

1 branche de céleri, pour garnir

méthode

Mettez les glaçons dans un shaker et ajoutez le jus de tomate, le jus de citron et l'aquavit. Assaisonnez au goût (pour un goût plus épicé, ajoutez une goutte de sauce piquante). Passez dans un verre highball ou à collins, sur glaçons si vous le désirez, et garnissez d'une branche de céleri.

Pour un **German Mary**, remplacez l'aquavit par du korn ou un autre schnaps non aromatisé.

cocktails à base d'amer et de vin muté

Les mots «amer» ou «bitter» décrivent un concentré d'essences amères ou une boisson alcoolisée élaborée à partir de racines, de fleurs, de fruits et de leur écorce, macérés dans un alcool neutre. Les amers ont des vertus appréciables : ils stimulent l'appétit et aident à la digestion.

L'amer concentré le plus connu est l'Angostura bitters (45 % vol.), une marque déposée. À l'origine, cet amer était fabriqué dans la ville d'Angostura, au Vénézuela; aujourd'hui, il est produit à la Trinité. La recette a été mise au point en 1824 par un docteur militaire, selon une «formule secrète». La recette exacte est toujours un secret bien gardé, mais elle contient de la gentiane (l'ingrédient prédominant) ainsi que des extraits d'écorce d'orange de Séville, d'angélique, de cardamome, de cannelle, de clou de girofle, de quinine et de galanga (*alpinia officinarum*). L'Angostura bitters est un ingrédient indispensable du bar – quelques gouttes suffisent à transformer un Plymouth gin en Pink Gin, mais ces petites gouttes ont aussi la capacité d'adoucir une boisson acide et de rendre plus sec un mélange sucré. À part l'Angostura bitters, les autres amers concentrés sont le Peychaud, un produit franco-américain, et l'Underberg, un bitter allemand distillé selon une recette de famille depuis 1846 et qui se prétend un remède contre la gueule de bois!

En plus des amers concentrés, on distingue les amers apéritifs et digestifs, comme l'Amer Picon (21 % vol.) de France, et le Campari (24 % vol.) d'Italie.

«Amaro» est le terme italien équivalent de «bitter» ou d'«amer». Il décrit plus de cinq cents liqueurs amères, brevetées et fabriquées en Italie. Les amaros, de couleur généralement marron foncé, sont élaborés à partir d'herbes, de plantes et d'écorces d'arbres. Ils se boivent sur glace comme apéritifs ou purs comme digestifs.

Les vins mutés sont tous des vins ordinaires qui ont été fortifiés avec une autre forme d'alcool. Le porto, le xérès (sherry) et le vermouth sont tous des vins mutés. Le porto (du Portugal) est muté avec une eau-de-vie de vin locale pendant la fermentation du raisin. Cette technique empêche le raisin de fermenter complètement, ce qui donne de la douceur au vin.

Le mot *sherry* tire son origine de l'incapacité des anglophones à prononcer le mot espagnol *Jerez*! Ce vin est aussi muté à l'eau-de-vie.

Le vermouth est un vin muté aromatisé aux extraits d'herbes, d'écorces et de plantes. Bien que le vermouth soit produit surtout en France et en Italie, son nom vient de l'allemand *Wermut*, qui signifie «armoise» – toutefois, l'alerte à la santé dont l'absinthe a fait l'objet ne semble pas avoir porté préjudice au vermouth.

rose water

méthode: au verre directement **glace:** glaçons
verre: highball

Ce long drink tout simple mais très rafraîchissant se prépare
avec du Campari, un apéritif italien breveté, très sec et au
goût prononcé de quinine. Le Campari a été élaboré en
1862 par Gaspare Campari, à partir d'un mélange d'herbes,
d'épices, de fruits et d'écorces.

ingrédients

3 à 4 glaçons

1 c. à thé de grenadine

$^1/_2$ mesure de Campari

6 mesures de limonade glacée

méthode

Mettez les glaçons dans un verre highball. Ajoutez la grenadine, le
Campari, puis la limonade glacée.

the manager's daughter

méthode: au verre directement   **glace:** glaçons

verre: highball   **garniture:** rondelle de citron

Cette boisson au goût de vin et d'agrumes contient du Dubonnet, un apéritif français de type vermouth. Les vins fortifiés existaient du temps des anciens Égyptiens, mais ce sont les Romains qui y ont ajouté l'armoise. Ces vins sont devenus populaires en Allemagne au cours du 16e siècle (armoise se dit *Wermut* en allemand) et, plus tard, à la cour royale de France où ils ont pris le nom de vermouth.

ingrédients

3 à 4 glaçons

1 mesure d'apple brandy

1 $\frac{1}{2}$ mesure de Dubonnet

4 mesures de soda amer au citron

1 rondelle de citron, pour garnir

méthode

Mettez les glaçons dans un verre highball et versez l'apple brandy et le Dubonnet. Remuez brièvement et ajoutez le soda amer au citron. Garnissez d'une rondelle de citron.

silver campari

méthode: shaker **glace:** glaçons
verre: flûte à champagne

Selon la légende, Gaspare Campari créa son apéritif de couleur rouge vif en 1862, dans le sous-sol de son café-bar de la chic Galleria de Milan. Très vite, sa création devint une boisson des plus en vogue, que l'on servait même au Vatican.

ingrédients

3 à 4 glaçons
$^3/_4$ mesure de Campari
$^3/_4$ mesure de gin
1 mesure de jus de citron
2 c. à thé de sirop de sucre
vin blanc mousseux ou champagne, pour compléter
1 fine lanière de zeste de citron

méthode

Mettez les glaçons dans un shaker et ajoutez les autres ingrédients, sauf le vin mousseux ou le champagne et le zeste de citron. Frappez et passez dans une flûte à champagne. Complétez de vin blanc mousseux ou de champagne. Pressez le zeste de citron au-dessus de la boisson pour en extraire l'huile, puis jetez-le.

campola

méthode: au verre directement   **glace:** glaçons
verre: highball   **garniture:** rondelle de lime et
cerise au marasquin

Voici une autre superbe boisson qui tire son nom de ses
ingrédients : Campari et cola. Toutefois, il y a aussi un peu
de xérès doux (oloroso), un vin muté riche, foncé et très
polyvalent qui sied bien à la fabrication des cocktails.

ingrédients

3 à 4 glaçons

1 mesure de Campari

$^1/_2$ mesure de xérès doux

5 mesures de cola froid

1 rondelle de lime, pour garnir

1 cerise au marasquin, pour garnir

méthode

Mettez des glaçons dans un verre highball et ajoutez le Campari,
le xérès puis le cola. Garnissez d'une rondelle de lime et d'une
cerise au marasquin, et servez avec une paille.

negroni

méthode: au verre directement **glace:** glaçons
verre: coupe **garniture:** rondelle d'orange

La tradition veut que cette boisson soit la création du comte Negroni. C'est une variante du fameux Americano – un mélange de Campari et de vermouth doux italien – dans lequel on a remplacé l'eau de Seltz par du gin.

ingrédients

3 à 4 glaçons

2 mesures de gin

1 mesure de vermouth doux italien

1 mesure de Campari

$^1/_2$ rondelle d'orange, pour garnir

méthode

Mettez la glace dans une coupe et versez le gin, le vermouth et le Campari. Remuez bien et ajoutez une demi-rondelle d'orange.

savoy sangaree

méthode: verre à mélange   **glace:** concassée et glaçons

verre: à whisky   **garniture:** rondelle d'orange et noix de muscade râpée

Le Sangaree est un cocktail américain du 19e siècle, inspiré par la sangria, la boisson traditionnelle espagnole à base de vin rouge. À l'origine, le Sangaree était un vin doux muté que l'on servait dans un verre droit; au début du 20e siècle, on y a ajouté de l'eau de Seltz. Un Sangaree peut-être à base de vin muté ou d'eau-de-vie et on le saupoudre traditionnellement de noix de muscade râpée. La recette présentée ici vient du Savoy, le célèbre hôtel de Londres.

ingrédients

3 à 4 glaçons

1 c. à thé de sucre en poudre

1 grand verre de porto ou de xérès

1 cuillerée de glace concassée

$^1/_2$ rondelle d'orange, pour garnir

noix de muscade râpée, pour saupoudrer

méthode

Mettez les glaçons dans un verre à mélange et ajoutez le sucre et le porto ou le xérès. Remuez bien et passez dans un verre à whisky rempli à moitié de glace concassée. Garnissez d'une demi-rondelle d'orange et saupoudrez de noix de muscade râpée. Servez avec une paille.

first avenue

méthode: au verre directement **glace:** concassée
verre: à whisky

Les Avenues représentent une catégorie de boissons à base de xérès doux que l'on prépare directement dans un verre très froid. On utilise aussi une liqueur de fruit – dans ce cas, un Cointreau aromatisé à l'orange – pour apporter une touche subtile au goût général.

ingrédients

I cuillerée de glace concassée
1½ mesure de xérès doux
½ mesure de Cointreau
I c. à thé de Campari
¾ mesure d'eau de Seltz

méthode

Mettez la glace concassée dans un verre à whisky et versez le xérès, le Cointreau et le Campari. Ajoutez l'eau de Seltz.

Second Avenue : remplacez le Cointreau par une demi-mesure de schnaps aux pêches. Third Avenue : remplacez le Cointreau par une demi-mesure de liqueur de melon.

ferrari cocktail

méthode: verre à mélange   **glace:** glaçons
verre: à cocktail

Ce cocktail est un mélange épicé de vermouth sec et d'amaretto, une liqueur italienne des plus célèbres, à la robe ambre et au goût d'amandes, qui, croit-on, a été créée à Saronno en 1525. L'huile extraite du zeste de citron râpé apporte une touche de vivacité supplémentaire.

ingrédients

3 à 4 glaçons

zeste râpé de $^1/_2$ citron

$1^1/_4$ mesure de vermouth doux

$^3/_4$ mesure d'amaretto

méthode

Mettez les glaçons dans un verre à mélange et ajoutez le zeste râpé de citron, le vermouth et l'amaretto. Remuez puis passez dans un verre à cocktail.

southern tango

méthode: au verre directement **glace:** concassée
verre: highball

Le « Southern » dans le nom de ce cocktail indique la
présence de Southern Comfort, la puissante liqueur américaine élaborée à partir de bourbon et de pêche. Dans
cette boisson, il se joint à un vermouth jaune pâle à base
de vin blanc sec qui, en France, est traditionnellement vieilli
en fût de chêne.

ingrédients

1 cuillerée de glace concassée

1 mesure de vermouth sec

$^1/_2$ mesure de Southern Comfort

2 mesures de limonade glacée

méthode

Versez le vermouth et le Southern Comfort dans un verre highball
rempli aux deux tiers de glace concassée, puis ajoutez la limonade
glacée.

campus

méthode: verre à mélange   **glace:** glaçons
verre: à whisky   **garniture:** quartier d'orange

L'orange est la garniture typique des cocktails au Campari, car elle complète à merveille la saveur d'écorce d'orange de séville de la liqueur. Le goût subtil de fumée du Scotch se mêle de façon intéressante à celui des herbes du gin.

ingrédients

3 à 4 glaçons

$1^3/_4$ mesure de Campari

$^1/_4$ mesure de scotch whisky

2 c. à thé de gin

1 quartier d'orange, pour garnir

méthode

Mettez la moitié des glaçons dans un verre à mélange et ajoutez les autres ingrédients, sauf la garniture. Remuez et passez dans un verre à whisky rempli des glaçons restants. Déposez le quartier d'orange dans le verre.

trocadero

méthode: verre à mélange   **glace:** glaçons
verre: à cocktail   **garniture:** cerise au marasquin

Ce cocktail demi-sec renferme du vermouth blanc sec et du vermouth rouge doux, ainsi qu'un trait d'Angostura bitters. L'Angostura était une teinture aromatisée à la gentiane; elle fut inventée en 1824 par le chirurgien allemand Johann Siegert de l'armée de libération de Simon Bolivar. C'est dans la ville d'Angostura (maintenant Ciudad Bolivar), au Vénézuela, que le docteur concocta la boisson. Autrefois un médicament, l'Angostura bitters est de nos jours l'un des ingrédients essentiels d'un bar bien assorti.

ingrédients

3 à 4 glaçons

1 mesure de vermouth blanc sec

1 mesure de vermouth rouge doux

1 trait de grenadine

1 trait d'Angostura bitters

1 cerise au marasquin, pour garnir

méthode

Mettez les glaçons dans un verre à mélange et ajoutez les autres ingrédients, sauf la garniture. Remuez et passez dans un verre à cocktail. Pour finir, garnissez d'une cerise au marasquin.

diplomat

méthode: verre à mélange   **glace:** concassée et glaçons

verre: à whisky   **garniture:** cerise au marasquin

Autrefois, ce cocktail classique des années 1920 était servi sans glace. Aujourd'hui, il est beaucoup plus populaire en apéritif, avec des glaçons. Il contient une larme de marasquin, une liqueur de cerise incolore à la saveur caractéristique, fabriquée à l'origine en Dalmatie, mais largement produite de nos jours en Italie.

ingrédients

3 à 4 glaçons

2 mesures de vermouth sec

$^2/_3$ mesure de vermouth rouge

1 c. à thé de marasquin

1 cuillerée de glace concassée

1 cerise au marasquin, pour garnir

méthode

Mettez les glaçons dans un verre à mélange et ajoutez les autres ingrédients, sauf la glace concassée et la garniture. Remuez et passez dans un verre à whisky rempli aux deux tiers de glace concassée. Garnissez d'une cerise au marasquin.

port flip

méthode: shaker
verre: flûte à champagne
glace: glaçons
garniture: noix de muscade râpée

Au 17e siècle, on préparait les tout premiers flips à l'aide de deux verres, en transvidant les ingrédients répétitivement d'un verre à l'autre jusqu'à l'obtention d'un mélange homogène. Aujourd'hui, la dextérité n'est plus un critère de réussite, un shaker vous permettra de créer un cocktail crémeux à souhait.

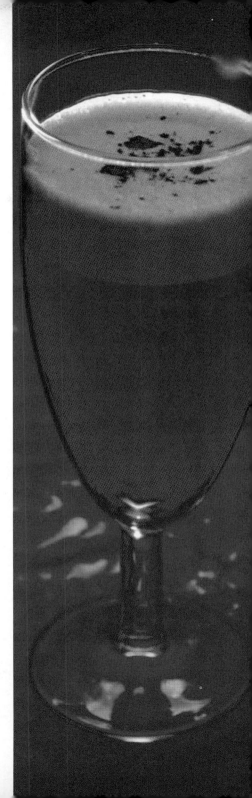

ingrédients

3 à 4 glaçons

1 ½ mesure de porto

2 c. à thé de cognac

1 c. à thé de sirop de sucre

1 jaune d'œuf

noix de muscade râpée, pour saupoudrer

méthode

Mettez les glaçons dans un shaker et ajoutez tous les ingrédients, sauf la noix de muscade. Secouez fermement et passez dans une flûte à champagne. Saupoudrez de noix de muscade râpée.

mermaid

méthode: au verre directement   **glace:** glaçons
verre: highball   **garniture:** rondelle d'orange et
zeste de citron

Lorsque le curaçao bleu a été inventé dans les années 1960, les barmans du monde entier se sont mis à rivaliser de créativité pour incorporer cet ingrédient dans de nouvelles recettes. Le curaçao a été nommé d'après l'île des Caraïbes réputée pour ses petites oranges amères du même nom. Les Hollandais ont été les premiers à produire la liqueur parfumée à l'orange, claire et incolore, qui est aujourd'hui disponible dans une grande variété de couleurs vives.

ingrédients

3 à 4 glaçons

$^3/_4$ mesure de vermouth blanc doux

$^3/_4$ mesure de gin

$^3/_4$ mesure de curaçao bleu

soda amer à l'orange glacé, pour compléter

$^1/_2$ rondelle d'orange, pour garnir

1 fine spirale de zeste de citron, pour garnir

méthode

Mettez les glaçons dans un verre highball et ajoutez le vermouth blanc, le gin et le curaçao bleu. Remuez, complétez de soda amer à l'orange, puis remuez de nouveau délicatement. Garnissez d'une demi-rondelle d'orange et d'une spirale de zeste de citron. Ajoutez une paille si vous le désirez.

bahia cocktail

méthode: verre à mélange **glace:** glaçons
verre: à cocktail

Beaucoup ne considèrent pas le xérès comme un ingrédient de choix dans les boissons. Heureusement, des barmans inventifs ont créé des cocktails absolument délicieux à base de xérès. Si vous aimez les boissons un peu épicées, avec un goût acidulé prononcé, voici un cocktail qui vous séduira.

ingrédients

6 à 8 glaçons
1 mesure de xérès demi-sec
1 mesure de vermouth sec
2 traits de pastis ou de Pernod
1 trait d'Angostura bitters
1 fine lanière de zeste de citron

méthode

Mettez les glaçons dans un verre à mélange et ajoutez les autres ingrédients, sauf le zeste de citron. Mélangez puis passez dans un verre à cocktail rafraîchi. Pressez le zeste de citron au-dessus de la boisson pour en extraire l'huile, puis jetez-le.

cocktails
à base de liqueur

La définition du mot « liqueur » varie selon les pays. Pour les Français, il s'agit d'un digestif, comme la liqueur de brandy. Pour les Anglais, c'est une boisson doucereuse élaborée à partir d'un alcool de base dans lequel des aromatisants, tels que racines, fruits, graines, écorces et fleurs, ont été infusés, macérés ou redistillés. Aux États-Unis, les liqueurs sont appelées « cordials » – un mot qui, en Grande-Bretagne, signifie un sirop aromatisé avec peu ou pas d'alcool.

Les liqueurs sont l'une des plus anciennes formes de boissons alcoolisées. Dans les confréries religieuses, les moines concoctaient des élixirs de santé avec des herbes aux propriétés médicinales. Ils ont été parmi les premiers à produire des liqueurs, en ajoutant du miel ou du sucre pour adoucir le goût amer des élixirs. Deux des plus fameux « saints élixirs » sont la Chartreuse et la Bénédictine. L'origine de la Chartreuse – fabriquée par les moines chartreux dans le monastère de La Grande Chartreuse, près de Grenoble en France – remonte au début du 16e siècle. La liqueur contient 130 herbes et épices. Le processus de macération, d'infusion et de distillation a été mis au point en 1764 et la production commerciale a débuté en 1848. À une époque, les moines ont dû s'exiler en Espagne où ils ont mis sur pied une distillerie à Tarragone. Trois fois par an, la distillerie reçoit la visite des trois moines – seulement trois à la fois – qui connaissent la recette secrète. Il y a deux types de Chartreuse : la Chartreuse jaune, douce, et la Chartreuse verte, plus forte.

La Bénédictine est souvent décrite comme la liqueur la plus ancienne du monde, car elle existe depuis 1510. Cette liqueur de couleur ambre est originaire de l'abbaye de Fécamp, dans la région de la Normandie située au nord de la France. L'abbaye a été mise à sac pendant la Révolution française. En 1863, la formule secrète est tombée entre les mains d'un marchand local, un certain Alexandre Le Grand qui, dit-on, était un descendant d'un administrateur de l'abbaye. Le Grand recréa l'élixir qui contient 27 herbes, plantes, fleurs et écorces de fruits, et chaque bouteille porte toujours la devise *Deo Optimo Maximo* (à Dieu très bon et très grand).

Les liqueurs sont offertes dans une énorme variété de saveurs, de la menthe au chocolat en passant par la noix et le café, sans oublier, bien sûr, tous les fruits qui poussent au soleil. Les liqueurs les plus utilisées dans les cocktails sont les « crèmes ». En dépit de leur nom, ces liqueurs ne contiennent pas de crème; elles sont surtout composées de cognac ou de brandy, auxquels s'ajoute l'aromate. Il y a, par exemple, la crème de banane, la crème de cacao (blanche et brune), la crème de menthe (blanche et verte), la crème de cassis, la crème de fraise et la crème de framboise.

galliano stinger

méthode: shaker **glace:** pilée (facultatif)

verre: à cocktail ou
    coupe à champagne

Les stingers sont des boissons rafraîchissantes et épicées qui,
à l'origine, se savouraient sans glace. Pendant la prohibition
aux États-Unis, la formule qui consistait à les servir avec glace
pilée les fit devenir populaires. C'est la crème de menthe qui
donne le «Sting» (piquant) dans ce mélange à base de Galliano,
la liqueur qui a fait la renommée du Harvey Wallbanger au
cours des années 1950.

ingrédients

2 à 3 glaçons

1 1/2 mesure de Galliano

3/4 mesure de crème de menthe blanche

1 cuillerée de glace pilée (facultatif)

méthode

Mettez les glaçons dans un shaker et ajoutez le Galliano et la
crème de menthe. Frappez et passez dans un verre à cocktail sans
glace, ou dans une coupe à champagne remplie de glace pilée.

Essayez d'autres stingers :

comfortable stinger : 1 1/2 mesure de Southern Comfort.
roman stinger : 3/4 mesure de sambuca et 3/4 mesure de cognac
bee stinger : 1 1/2 mesure de blackberry brandy (à la mûre)

lost bikini

méthode: shaker   **glace:** glaçons
verre: à cocktail   **garniture:** cerises

Les deux cerises dans la garniture évoquent bien le nom du cocktail. Le Lost Bikini est une boisson douce et rafraî-chissante, idéale pour les soirées d'été sur la plage ou au bord de la piscine. Si vous n'avez ni la plage ni la piscine, trempez vos lèvres dans le verre et laissez votre imagination faire le reste.

ingrédients

3 à 4 glaçons

$^3/_4$ mesure de Galliano

$^3/_4$ mesure d'amaretto

$^1/_2$ mesure de rhum blanc

$^1/_2$ mesure de jus de lime

2 mesures de jus de mandarine

2 cerises, pour garnir

méthode

Mettez les glaçons dans un shaker et ajoutez tous les ingrédients, sauf la garniture. Frappez et passez dans un verre à cocktail. Accrochez les deux cerises sur le bord du verre.

b-52

Cette boisson très populaire se sert de différentes façons. Les amateurs plus jeunes l'apprécient en pousse-café, dans lequel les différents ingrédients se superposent dans le verre. Elle peut aussi être remuée et passée dans un verre à whisky rempli de glaçons. La popularité du B-52 a suscité la création de nombreuses variantes, et rien ne vous empêche d'inventer la vôtre.

ingrédients

4 à 6 glaçons
I mesure de Kahlua ou de Tia Maria
I mesure de Bailey's Irish Cream
I mesure de Grand Marnier

Variantes:
I mesure de Tia Maria ou de Kahlua
I mesure d'amaretto
I mesure de Bailey's Irish Cream

I mesure de Cointreau
I mesure de Bailey's Irish Cream
I mesure de Tia Maria

2 mesures d'amaretto
I mesure d'absinthe
I mesure de rhum vieux

méthode

Versez les ingrédients lentement sur le dos d'une cuillère à mélange, en suivant l'ordre indiqué, de façon à les superposer sans les mélanger. Vous pouvez aussi mettre tous les ingrédients et des glaçons dans un verre à mélange, remuer, puis passer dans un verre à whisky rempli de glaçons.

hollywood nuts

méthode: shaker **glace:** glaçons

verre: à whisky

Le rhum et deux types de noix se distinguent dans ce cocktail : les noisettes du Frangelico à la robe ambrée, et les amandes de l'amaretto. Ici, ils sont mélangés à de la crème de cacao brune, aromatisée au chocolat avec juste un soupçon de vanille.

ingrédients

$^1/_2$ mesure d'amaretto

$^1/_2$ mesure de crème de cacao brune

$^1/_2$ mesure de Frangelico

1 mesure de rhum blanc

1 c. à thé de blanc d'œuf

1 mesure de limonade glacée

méthode

Mettez 2 à 3 glaçons dans un shaker et versez les liqueurs, le rhum et le blanc d'œuf. Frappez bien puis passez dans un verre à whisky rempli des glaçons restants. Pour terminer, ajoutez la limonade glacée.

mandarin

méthode: mixeur **glace:** pilée

verre: à cocktail **garniture:** rondelle d'orange et cerise

Voici un cocktail des plus exotiques, qui réunit la Bénédictine (la soi-disant plus ancienne liqueur du monde), le Galliano, le Cointreau et la Mandarine Napoléon. Les deux premiers ingrédients apportent une note épicée tandis que les deux derniers offrent une touche délicate d'orange.

ingrédients

I verre de glace pilée

$^1/_2$ mesure de Bénédictine

$^1/_3$ mesure de Galliano

$^2/_3$ mesure d'apricot brandy

$^2/_3$ mesure de triple sec ou de Cointreau

I c. à thé de Mandarine Napoléon

I mesure de crème fraîche épaisse

I mesure de jus d'orange

$^1/_2$ rondelle d'orange, pour garnir

I cerise, pour garnir

méthode

Mettez la glace pilée dans un mixeur et ajoutez tous les ingrédients, sauf la garniture. Mélangez brièvement, puis versez dans un grand verre à cocktail. Garnissez d'une demi-rondelle d'orange et d'une cerise embrochées sur un pique à cocktail.

pink squirrel

méthode: shaker
verre: coupe à champagne

glace: glaçons
garniture: amandes effilées

Dans le nom de cette boisson crémeuse, le « Pink » (rose) se rapporte à la grenadine, alors que le « Squirrel » (écureuil) fait référence aux noix, en l'occurrence le goût d'amandes de l'amaretto et la garniture d'amandes effilées. La saveur qui se démarque ensuite, c'est le chocolat. Alors, si vous aimez les goûts sucrés, ce cocktail vous comblera !

ingrédients

1 quartier de citron, pour givrer

sucre en poudre, pour givrer

3 à 4 glaçons

$1\frac{1}{2}$ mesure de crème de cacao blanche

$1\frac{1}{2}$ mesure d'amaretto

1 mesure de crème fraîche épaisse

$\frac{1}{4}$ mesure de grenadine

amandes effilées, pour garnir

méthode

Frottez le bord d'une coupe de champagne avec le quartier de citron, puis trempez le bord humecté dans le sucre en poudre. Mettez les glaçons dans un shaker et versez les autres ingrédients, sauf la garniture. Frappez bien et passez dans la coupe givrée. Garnissez d'amandes effilées.

dizzy blonde

méthode: au verre directement **glace:** concassée
verre: coupe **garniture:** rondelle de citron et
cerise à cocktail verte

La compagnie Warninks est associée à l'advocaat, la fameuse
liqueur hollandaise à base d'eau-de-vie et d'œuf. Selon la
croyance, 18 000 œufs seraient cassés chaque heure pour
fabriquer cette liqueur qu'on oublie souvent. Aux Pays-Bas,
l'advocaat est offert en version épaisse, à déguster avec une
cuillère et un biscuit, et en version plus fine, à savourer sur
glace, allongée de boisson non alcoolisée. Les amateurs allemands ont la chance de disposer d'advocaat aromatisé au
moka et chocolat.

ingrédients

- 1 cuillerée de glace concassée
- 1 mesure de jus d'orange
- 2 mesures d'advocaat
- $3/_4$ mesure de Pernod
- 2 mesures de limonade glacée
- $1/_2$ rondelle de citron, pour garnir
- 1 cerise à cocktail verte, pour garnir

méthode

Mettez la glace concassée dans une coupe (ou un grand verre à
vin) et versez le jus d'orange, l'advocaat et le Pernod. Remuez brièvement, puis ajoutez la limonade glacée. Garnissez d'une demi-
rondelle de citron et d'une cerise à cocktail verte.

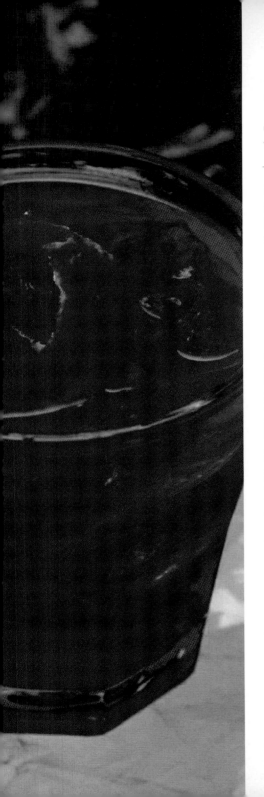

midori sour

méthode: shaker   **glace:** concassée et glaçons
verre: à whisky   **garniture:** zeste de citron

Le sour a été inventé au cours des années 1850, mais ce n'est qu'environ un siècle après que le distillateur japonais Sun-Tory a élaboré le Midori, une liqueur de melon à la couleur vert vif caractéristique.

ingrédients

2 à 3 glaçons

$1\,^1/_2$ mesure de Midori

1 mesure de jus de citron

$^1/_2$ mesure de sirop de sucre

1 cuillerée de glace concassée

1 fine spirale de zeste de citron, pour garnir

eau de Seltz glacée, pour compléter (facultatif)

méthode

Mettez les glaçons dans un shaker et ajoutez le Midori, le jus de citron et le sirop de sucre. Frappez et passez dans un verre à whisky rempli aux deux tiers de glace concassée. Garnissez d'une spirale de zeste de citron et, si vous le désirez, complétez d'eau de Seltz glacée.

Pour obtenir un Raspberry Sour, utilisez $1\,^1/_2$ mesure de Chambord et $^1/_2$ mesure de rhum blanc. Pour un Amaretto Sour, utilisez $1\,^1/_2$ mesure d'amaretto.

wobbly knee

méthode: mixeur   **glace:** pilée

verre: à cocktail   **garniture:** copeaux de chocolat

Voici un délicieux cocktail aromatisé aux amandes et au café, rehaussé d'un soupçon de noix de coco. Vous pouvez acheter la crème de coco toute faite ou la préparer vous-même (voir page 21). L'adjonction d'une petite quantité de vodka rend plus sec ce mélange qui autrement serait trop doux.

ingrédients

1 bonne cuillerée de glace pilée

1 mesure d'amaretto

1 mesure de Kahlua

$^1/_2$ mesure de vodka

$^3/_4$ mesure de crème de coco

1 mesure de crème fraîche épaisse

copeaux de chocolat, pour garnir

méthode

Mettez tous les ingrédients dans un mixeur, sauf le chocolat, et mélangez brièvement. Versez, sans passer, dans un grand verre à cocktail et garnissez de copeaux de chocolat.

white christmas

méthode: au verre directement **glace:** glaçons
verre: à cocktail **garniture:** copeaux de chocolat

Cette boisson crémeuse aromatisée au whisky est accentuée par des notes de chocolat et de banane. La crème de banane est une liqueur jaune paille, obtenue à partir de bananes mûres et parfumées. Une délicieuse version originaire des îles Canaries est offerte dans une superbe bouteille kitsch en forme de régime de bananes!

ingrédients

3 à 4 glaçons

1 mesure de crème de banane

1 mesure de crème de cacao blanche

1 mesure de scotch whisky

1 mesure de crème fraîche épaisse

copeaux de chocolat, pour garnir

méthode

Mettez les glaçons dans un shaker et ajoutez tous les ingrédients, sauf la garniture. Frappez, passez dans un verre à cocktail et parsemez de copeaux de chocolat.

barnaby's buffalo blizzard

méthode: mixeur   **glace:** glaçons

verre: à collins   **garniture:** cerise au marasquin

En 1977, un violent blizzard a frappé les états de la côte atlantique des États-Unis. Certaines victimes (chanceuses) se sont retrouvées bloquées pendant trois jours au restaurant Barnaby's, à Buffalo, où elles ont passé leur temps de façon très judicieuse, à inventer de nouveaux cocktails. Cette recette faisait partie des meilleures.

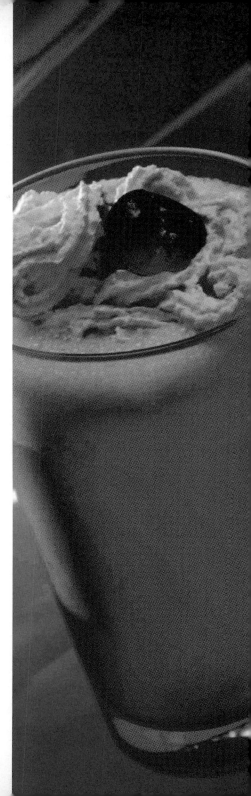

ingrédients

4 à 6 glaçons

1 mesure de crème de cacao blanche

1 mesure de Galliano

$^3/_4$ mesure de vodka

2 mesures de lait

1 c. à thé de grenadine

2 c. à thé de glace à la vanille

$1^1/_2$ mesure de crème fouettée

1 cerise au marasquin, pour garnir

méthode

Mettez les glaçons dans un mixeur et ajoutez les autres ingrédients, sauf la crème fouettée et la garniture. Mélangez brièvement puis versez, sans passer, dans un verre à collins. Nappez de crème fouettée et garnissez d'une cerise au marasquin.

big toe

méthode: verre à mélange   **glace:** glaçons

verre: à liqueur   **garniture:** cerise au marasquin

Cette boisson regorge de fantastiques liqueurs aux saveurs et arômes uniques. Asseyez-vous confortablement et savourez-la de tout votre corps. C'est l'occasion d'apprécier le Frangelico, une liqueur aromatisée aux noisettes qui, dit-on, a été inventée en 1650 par le religieux Fra Angelico qui vivait en reclus sur les rives du Pô, en Italie.

ingrédients

3 à 4 glaçons

$^1/_2$ mesure de Frangelico

$^1/_2$ mesure d'amaretto

$^1/_2$ mesure de Kahlua

$^1/_2$ mesure de Bailey's Irish Cream

$^1/_2$ mesure de rhum blanc

$^1/_2$ mesure de crème de cacao brune

1 cerise au marasquin, pour garnir

méthode

Mettez les glaçons dans un verre à mélange et ajoutez les ingrédients liquides. Passez dans un verre à liqueur et garnissez d'une cerise au marasquin enfilée sur un pique.

grasshopper

méthode: shaker
verre: coupe à champagne
glace: glaçons
garniture: copeaux de chocolat et brin de menthe

Cette boisson vert vif, telle la couleur d'une sauterelle («grass-hopper»), est un mélange de crème fouettée, de chocolat et de menthe – la combinaison parfaite pour un digestif. Le mot Chouao imprimé sur l'étiquette de la bouteille de crème de cacao indique que le cacao utilisé dans la fabrication du produit vient du Vénézuela, Chouao étant une banlieue de la ville de Caracas.

ingrédients

3 à 4 glaçons

$1^1/_3$ mesure de crème de cacao blanche

1 mesure de crème de menthe verte

$1^1/_3$ mesure de crème fouettée

copeaux de chocolat, pour garnir

1 brin de menthe, pour garnir

méthode

Mettez les glaçons dans un shaker et versez la crème de cacao, la crème de menthe et la crème fouettée. Secouez énergiquement et passez dans une coupe à champagne. Parsemez de copeaux de chocolat et garnissez d'un brin de menthe.

Pour un Flying Grasshopper, utilisez 1 mesure de crème de cacao blanche, 1 mesure de vodka et $^1/_3$ mesure de crème de menthe verte. Frappez brièvement avec $^3/_4$ verre de glace pilée et versez, sans passer, dans un verre à whisky. Ajoutez une paille courte.

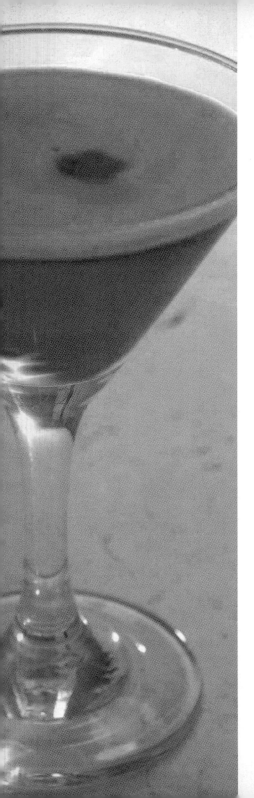

velvet hammer

méthode: shaker   **glace:** glaçons concassée (2)

verre: à cocktail (1) à whisky (2)   **garniture:** cerise (2)

Plusieurs versions de cette boisson sont en circulation. En voici deux délicieuses variantes. Toutes deux ont en commun le Cointreau et une liqueur de café, les plus connues étant le Kahlua du Mexique et le Tia Maria de la Jamaïque.

ingrédients

Velvet Hammer 1

3 à 4 glaçons

$^3/_4$ mesure de Tia Maria ou de Kahlua

$^3/_4$ mesure de Cointreau

$^3/_4$ mesure de crème fraîche liquide

Velvet Hammer 2

3 à 4 glaçons

1 mesure de Tia Maria ou de Kahlua

1 mesure de Cointreau

$^1/_2$ mesure de brandy

1 mesure de crème fouettée

1 cuillerée de glace concassée

1 cerise, pour garnir

méthode

Velvet Hammer 1: Frappez tous les ingrédients au shaker et passez dans un verre à cocktail.

Velvet Hammer 2: Mettez les glaçons dans un shaker et ajoutez les autres ingrédients, sauf la glace concassée et la garniture. Frappez et passez dans un verre à whisky rempli de glace concassée. Garnissez d'une cerise.

gemini

méthode: au verre directement **glace:** concassée
verre: à whisky

Cette boisson au goût dominant de cognac et d'orange contient du Grand Marnier, liqueur à base de bigarades des Antilles macérées dans du cognac. Le Grand Marnier est offert en deux variétés : le Grand Marnier Cordon Jaune (utilisé ici) et le Grand Marnier Cordon Rouge. Le Galliano, au goût fleuri et épicé, entre aussi dans la composition du Gemini.

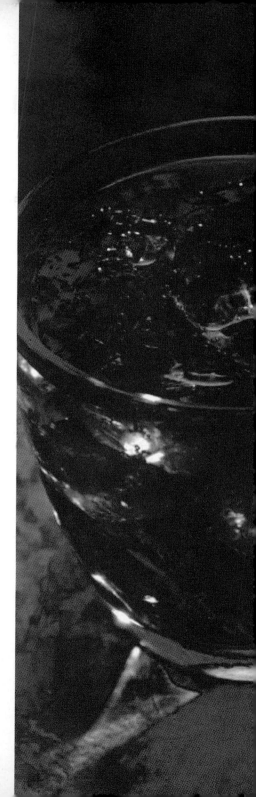

ingrédients

1 cuillerée de glace concassée

1 mesure de jus d'orange glacé

$^1/_2$ mesure de cognac

$^3/_4$ mesure de Grand Marnier

$^3/_4$ mesure de Galliano

1 lanière de zeste d'orange

méthode

Remplissez un verre à whisky aux deux tiers de glace concassée. Versez le jus d'orange, le cognac, le Grand Marnier et le Galiano. Remuez brièvement. Pressez le zeste d'orange au-dessus de la boisson pour en extraire l'huile, puis jetez-le.

zipper

méthode: shaker   **glace:** glaçons

verre: à cocktail   **garniture:** copeaux de chocolat

Pour clore un repas en beauté, une boisson aromatisée au café se substitue agréablement au traditionnel café. Dans ce cocktail, on associe le Kahlua, la liqueur de café mexicaine, au Bailey's Irish Cream — une liqueur obtenue à partir de whiskey, de crème fraîche et de cacao. Élaboré dans les années 1970, le Bailey's connaît depuis un immense succès.

ingrédients

3 à 4 glaçons

$1^1/_2$ mesure de Kahlua

$1^1/_2$ mesure de rhum blanc

1 mesure de crème fraîche épaisse

2 c. à thé de Bailey's Irish Cream

copeaux de chocolat, pour garnir

méthode

Mettez les glaçons dans un shaker et ajoutez les autres ingrédients, sauf la garniture. Frappez bien et passez dans un verre à cocktail. Parsemez de copeaux de chocolat.

cocktails
à base d'anis

Dans ce contexte, le mot « anis » recouvre toutes les boissons aromatisées à l'anis et en particulier les liqueurs de différentes teneurs en sucre. Les spiritueux anisés les plus connus sont l'absinthe, le pastis, le raki (et l'arak), l'ouzo (appelé parfois douzico) et la sambuca. Il y a aussi de nombreuses marques déposées connues comme Ricard et Pernod. S'ajoute enfin l'anisette, une liqueur aromatisée à l'anis qui vient de France, l L'anisette la plus réputée est la Marie Brizard.

L'absinthe, avec ses quelque 68 % vol., a été surnommée la « muse verte » – elle « inspirait » des peintres impressionnistes français tels que Degas et Toulouse-Lautrec, ainsi que leurs modèles – et la « déesse verte », en raison de ses qualités soi-disant aphrodisiaques. Bien qu'on l'associe souvent à la France, l'absinthe est, en fait, originaire de Suisse.

Au début du 20e siècle, l'absinthe a été interdite dans la plupart des pays européens du fait qu'elle contenait des substances nocives. Son ingrédient principal, l'armoise (Artemisia absinthium d'où le nom « absinthe »), avait la réputation d'engendrer la démence et la mort. Malgré l'interdiction dont elle a fait l'objet, l'absinthe a continué à être produite illégalement en Suisse et légalement en Espagne. Prise en grande quantité, l'armoise provoque effectivement des effets hallucinogènes, mais ses conséquences nuisibles sur la santé, sauf en cas de consommation excessive d'alcool, n'ont pas été prouvés jusqu'à présent. L'interdiction a été levée récemment et l'absinthe est de nouveau disponible en magasin.

Des boissons à l'anis titrant environ 45 % vol. ont donc fait leur apparition pour remplacer l'absinthe interdite. Le Pernod et des pastis tels que ceux produits par Ricard en constituent les principaux exemples. Dans les nouvelles boissons, l'armoise de l'absinthe est remplacée par l'anis étoilé, le fruit de la badiane de Chine. Le mot « pastis » signifie en provençal « mélange », « embrouille », « situation trouble ». Le pastis a un goût légèrement plus prononcé de réglisse que le Pernod. Lorsqu'il est pur, le pastis a une teinte jaunâtre. Une fois dilué, il est plus pâle que le Pernod. Les boissons de ce type, y compris l'ouzo et le raki, sont normalement diluées dans quatre à cinq volumes d'eau et sont servies sur glace ce qui leur donne alors une teinte blanche laiteuse.

La sambuca (environ 40 % vol.) s'apparente aux liqueurs sucrées de France et d'Espagne. Elle est cependant moins douce et son ingrédient caractéristique provient du sureau. L'anisette (environ 30 % vol.) ne doit pas être confondue avec le pastis ou le Pernod ; elle a une teneur en alcool moindre et elle est une liqueur sucrée résultant d'un mélange d'alcool neutre, de sirop de sucre et d'une macération de 16 différentes graines (dont la graine d'anis), de fenouil, de clou de girofle, de coriandre et d'autres épices et plantes.

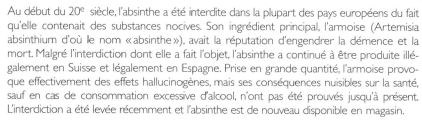

ladie's cocktail

méthode: verre à mélange   **glace:** glaçons
verre: à cocktail   **garniture:** ananas

En dépit de son nom aux consonances délicates, ce cocktail
ne manque pas de punch grâce au duo bourbon et Pernod.
Le goût prononcé d'anis provient de l'anisette, une liqueur
produite par la société Marie Brizard qui a été fondée en
1755 à Bordeaux, en France.

ingrédients

3 à 4 glaçons

$1^1/_2$ mesure de bourbon

$^1/_2$ c. à thé de Pernod

$^1/_2$ c. à thé d'anisette

2 traits d'Angostura bitters

1 morceau d'ananas, pour garnir

méthode

Mettez tous les ingrédients, sauf la garniture, dans un verre à mélange
et remuez bien. Passez dans un verre à cocktail et garnissez d'un
morceau d'ananas.

hemingway

méthode: au verre directement **glace:** glaçons
verre: flûte à champagne

Ce cocktail porte le nom de son créateur, le romancier américain Ernest Hemingway, qui s'amusait à l'appeler « Death in the afternoon » (mort dans l'après-midi). Hemingway avait offert la recette au magazine Esquire, avec la consigne de boire trois ou cinq verres lentement.

ingrédients

1 $^1/_2$ mesure d'absinthe

champagne glacé, pour compléter

méthode

Versez l'absinthe dans une flûte à champagne et ajoutez du champagne glacé jusqu'à ce que le mélange devienne laiteux.

bunny hug

méthode: verre à mélange   **glace:** glaçons

verre: à cocktail

Le bunny hug est une danse très rapide et syncopée des années 1920. Dans ce cocktail, le gin et le whisky, les boissons favorites de l'époque de la prohibition, s'accordent très bien avec le pastis. Il existe de nombreuses marques de pastis, mais la plus connue est sans doute le Ricard.

ingrédients

3 à 4 glaçons

$^3/_4$ mesure de pastis

$^3/_4$ mesure de gin

$^3/_4$ mesure de whisky

méthode

Frappez bien tous les ingrédients au shaker et passez dans un verre à cocktail.

green dragon

méthode: shaker   **glace:** glaçons

verre: grand verre à vin

Cette bête mythique est populaire dans le domaine des cocktails. En outre, le « Green Dragon » (dragon vert) existe en plusieurs versions, dont un cocktail à base de gin, de kümmel et de crème de menthe et un autre, plus récent, à base de champagne et de Midori. Cette boisson semble bizarre à cause du lait et de la crème, mais sa saveur vous surprendra agréablement !

ingrédients

6 à 8 glaçons

2 mesures de Pernod

2 mesures de lait

2 mesures de crème fraîche épaisse

1 mesure de sirop de sucre

méthode

Mettez 3 ou 4 glaçons dans un shaker et ajoutez les autres ingrédients. Frappez bien et passez dans un grand verre à vin rafraîchi, rempli des glaçons restants.

absinthe suissesse

méthode: shaker   **glace:** glaçons

verre: à cocktail

L'absinthe et le Pernod sont tous deux d'origine suisse, mais beaucoup d'aficionados de cocktails croient que cette recette provient de la Louisiane francophone aux États-Unis. L'eau de fleur d'oranger est une essence douce, non alcoolisée, qui vient de France et qui est utilisée dans de nombreux cocktails comme le Ramos Fizz de la Nouvelle-Orléans.

ingrédients

4 à 6 glaçons

1 1/2 mesure d'absinthe (ou de Pernod)

2 à 3 gouttes d'anisette

2 à 3 gouttes d'eau de fleur d'oranger

1 c. à thé de crème de menthe blanche

1 blanc d'œuf

méthode

Mettez tous les ingrédients dans un shaker et secouez énergiquement. Passez dans un verre à cocktail.

naked waiter

méthode: au verre directement   **glace:** glaçons
verre: coupe   **garniture:** quartier de citron

Cette recette moderne tire bien profit du goût anisé du Pernod, un descendant de l'absinthe élaborée en 1792 à Couvet, en Suisse, par un certain docteur Pierre Ordinaire. Dans les années 1850, on prescrivait cet élixir dont les vertus « curatives » et « fortifiantes » aidaient les soldats français à se protéger contre la malaria !

ingrédients

3 à 4 glaçons

1 mesure de jus d'ananas

$^3/_4$ mesure de Pernod

$^3/_4$ mesure de Mandarine Napoléon

4 mesures de soda amer au citron glacé

1 quartier de citron, pour garnir

méthode

Mettez les glaçons dans une coupe et versez le jus d'ananas, le Pernod et la Mandarine Napoléon. Ajoutez le soda amer au citron et garnissez avec le quartier de citron.

absinthe cocktail

méthode: verre à mélange   **glace:** glaçons

verre: à liqueur ou à cocktail

L'artiste Toulouse-Lautrec ne se contentait pas de peindre des scènes de la vie parisienne axées sur la « fée verte ». Apparemment, il ne sortait jamais de chez lui sans une fiole d'absinthe dissimulée dans le manche creux de sa canne. Pour les fanatiques, il existe un musée dédié à l'absinthe à Auvers-sur-Oise, en France.

ingrédients

3 à 4 glaçons

1 1/2 mesure d'absinthe

1/2 mesure d'anisette

3/4 mesure d'eau minérale plate

1 c. à thé de sirop de sucre

méthode

Mettez des glaçons dans un verre à mélange et ajoutez les autres ingrédients. Remuez et passez dans un verre à liqueur ou à cocktail.

En ajoutant 1 c. à thé de marasquin à la recette, vous obtiendrez un Absinthe Italiano.

pink pernod

méthode: au verre directement   **glace:** glaçons
verre: highball ou à collins

Dilué dans l'eau, le Pernod prend une teinte blanche laiteuse,
Ajoutez-lui de la grenadine – sirop fait de jus sucré de grenade Punica granatum – et vous obtiendrez une boisson
parfaitement rose.

ingrédients

3 à 4 glaçons

$^3/_4$ mesure de grenadine

$^3/_4$ mesure de Pernod

ginger ale glacé, pour compléter

méthode

Mettez les glaçons dans un verre highball ou à collins et versez la
grenadine et le Pernod. Remuez gentiment et complétez de ginger ale
glacé. Remuez de nouveau.

tour de france

méthode: au verre directement **glace:** concassée

verre: à whisky

Comme on le sait, le Tour de France est la plus grande course de vélo du monde. Cette boisson est composée de deux des ingrédients préférés des Français : le Pernod, un produit de la maison Pernod fondée à Pontarlier en 1805, et la crème de cassis, une spécialité de Dijon au même titre que la moutarde.

ingrédients

1 cuillerée de glace concassée

1 c. à thé de sirop de sucre

$^1/_2$ mesure de crème de cassis

1 $^1/_2$ mesure de Pernod

limonade glacée, pour compléter

méthode

Mettez de la glace concassée dans un verre à whisky et versez le sirop de sucre, la crème de cassis et le Pernod. Complétez de limonade glacée.

pernod frappé

méthode: verre à mélange   **glace:** pilée et glaçons
verre: coupe à champagne   **garniture:** cerise au marasquin

Le terme « frappé » décrit tout short drink servi sur glace pilée, avec une paille courte et une cerise sur un pique. Vous pouvez créer des frappés avec n'importe quelle liqueur ou eau-de-vie. Ces boissons rafraîchissantes se substituent agréablement aux cocktails d'été qui sont trop souvent servis sans glace.

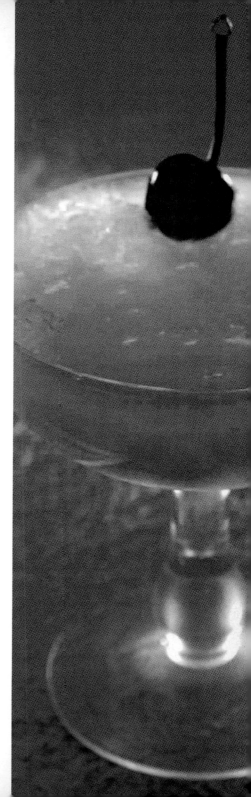

ingrédients

2 à 3 glaçons

2 mesures de Pernod

$^2/_3$ mesure d'anisette

1 cuillerée de glace pilée

1 mesure d'eau minérale plate glacée

1 cerise au marasquin, pour garnir

méthode

Mettez les glaçons dans un shaker et versez le Pernod et l'anisette. Remuez et passez dans une coupe à champagne remplie de glace pilée. Ajoutez l'eau minérale au goût et garnissez d'une cerise au marasquin sur un pique.

Un Tiger's Eye Frappé, cela vous dit ? Utilisez $1^3/_4$ mesure de Pernod et $^1/_2$ mesure de schnaps à la menthe.

pernod fizz

méthode: shaker　　　　**glace:** glaçons

verre: highball ou à collins

Les fizzes sont des boissons longues et fraîches, idéales pour savourer une eau-de-vie ou une liqueur. Ce fizz à base de Pernod contient aussi un peu de brandy et des jus d'agrumes qui lui donnent une touche épicée et fruitée. Pour parfaire sa présentation, le blanc d'œuf crée une jolie mousse argentée.

ingrédients

4 à 6 glaçons

1 mesure de Pernod

2 c. à thé de brandy

2 c. à thé de grenadine

$^3/_4$ mesure de jus de citron

$^3/_4$ mesure de jus d'orange

1 blanc d'œuf

eau de Seltz glacée, pour compléter

méthode

Remplissez de glaçons le quart d'un verre highball ou à collins. Mettez les glaçons restants dans un shaker et ajoutez les autres ingrédients, sauf l'eau de Seltz. Frappez bien et passez dans le verre. Complétez avec l'eau de Seltz et remuez brièvement. Pour finir, servez avec une paille et un agitateur.

london fog

méthode: shaker **glace:** glaçons

verre: à cocktail **garniture:** brin de menthe

Autrefois, on disait du fameux brouillard de Londres (London fog) qu'il était aussi épais qu'une soupe de pois. Aujourd'hui, une atmosphère mystérieuse et magique continue de planer audessus de la ville, même s'il ne s'agit que d'un voile de brume!

ingrédients

3 à 4 glaçons

$^3/_4$ mesure d'anisette

$^3/_4$ mesure de crème de menthe blanche

1 trait d'Angostura bitters

1 brin de menthe, pour garnir

méthode

Mettez les glaçons dans un shaker et ajoutez l'anisette, la crème de menthe blanche et l'Angostura bitters. Frappez et passez dans un verre à cocktail. Garnissez d'un brin de menthe.

glad eye

méthode: shaker   **glace:** glaçons

verre: à cocktail

En provençal, le mot « pastis » signifie « mélange ». Ricard est sans doute la marque de pastis la plus connue; toutefois, il en existe de nombreuses autres, dont le pastis Henri Bardouin, élaboré à partir de quelque 48 herbes et épices. Dans cette boisson, la crème de menthe accompagne bien le pastis au goût d'anis et de réglisse.

ingrédients

6 à 8 glaçons

$1^1/_2$ mesure de pastis

$^3/_4$ mesure de crème de menthe verte

méthode

Frappez tous les ingrédients au shaker, puis passez dans un verre à cocktail.

anisette cocktail

méthode: shaker **glace:** glaçons

verre: à liqueur ou à cocktail **garniture:** noix de muscade rapée

Ce cocktail est à base d'anisette, une liqueur élaborée à partir d'anis, d'herbes et d'épices aromatiques. Dans cette boisson, la douceur de l'anisette est compensée par la forte personnalité de ce bon vieux gin.

ingrédients

3 à 4 glaçons

$1/_2$ mesure de gin

1 mesure d'anisette

$1/_2$ mesure de crème fouettée

$1/_2$ mesure de blanc d'œuf

noix de muscade râpée, pour saupoudrer

méthode

Mettez les glaçons dans un shaker et versez le gin, l'anisette, la crème et le blanc d'œuf. Secouez énergiquement, passez dans un verre à liqueur ou à cocktail et saupoudrez d'un peu de noix de muscade râpée.

jelly bean

méthode: shaker　　　**glace:** glaçons

verre: à cocktail ou shooter

Ce merveilleux mélange se boit habituellement d'un trait..
Cependant, il gagne à ce qu'on prenne le temps de le savourer: il est si délicieux! Ici, le Pernod fait bon ménage avec le
sloe gin, une liqueur à base de gin dans lequel ont macéré
des prunelles, et le Southern Comfort, une liqueur à base de
bourbon et de pêche.

ingrédients

3 à 4 glaçons

1 mesure de Pernod

1 mesure de sloe gin

1 mesure de Southern Comfort

méthode

Mettez les glaçons dans un shaker et ajoutez le Pernod, le sloe gin
et le Southern Comfort. Frappez et passez dans un verre à cocktail
– ou dans un shooter pour une boisson à boire cul sec.

all-white frappé

méthode: verre à mélange **glace:** pilée
verre: à cocktail ou coupe **garniture:** cerise au marasquin

Les frappés sont des short drinks à base d'une quelconque eau-de-vie ou liqueur. Ils sont traditionnellement servis sur glace pilée, accompagnés d'une paille courte. Cette version « all-white » (toute blanche) combine le goût d'anis à ceux du chocolat et de la menthe. Légèrement sucré et très aromatique, ce frappé à saveur d'herbes constitue une bonne boisson de fête ou un agréable digestif.

ingrédients

3 à 4 glaçons

1 mesure d'anisette

1 mesure de crème de cacao blanche

$1/_2$ mesure de crème de menthe blanche

$1/_3$ mesure de jus de lime

1 bonne cuillerée de glace pilée

1 cerise au marasquin, pour garnir

méthode

Mettez les glaçons dans un verre à mélange et ajoutez tous les ingrédients, sauf la glace pilée et la garniture. Remuez bien et passez dans un grand verre à cocktail ou dans une coupe contenant la glace pilée. Garnissez d'une cerise au marasquin sur un pique à cocktail et servez avec une paille courte.

cocktails à base de champagne

Le mot champagne dérive du vieux français « champaigne » qui signifiait « étendue ou région de rase campagne ». Le champagne, roi des vins, est élaboré à partir de raisins de pinot et de raisins de chardonnay. Pour se mériter l'appellation « champagne », ce vin effervescent doit provenir de la région éponyme, dans le nord de la France, à environ 160 km (100 milles) au nord-est de Paris, et en particulier d'une aire délimitée autour de Reims et d'Épernay, avec des avant-postes dans le département de l'Aube.

Une fois qu'il a satisfait à la norme de provenance régionale, le champagne doit être fabriqué selon la méthode champenoise. Cette méthode consiste à produire du gaz carbonique naturel, la prise de mousse, par une seconde fermentation en bouteille individuelle et non dans une cuve ou par carbonatation artificielle. Un champagne millésimé peut demander plus de huit années pour s'affiner. Les types de champagne sont, du plus sec au plus doux: extra-brut, brut, sec, demi-sec ou doux. Bien que tout soit une question de goût, on utilise généralement le champagne le plus sec dans les cocktails, car les recettes comportent souvent des liqueurs sucrées.

Si le vin ne provient pas de l'aire d'appellation champagne et qu'il n'est pas fabriqué selon la méthode champenoise, c'est un « vin mousseux ». Ce terme générique ne rend pas justice à la vaste gamme d'excellents vins effervescents qui sont fabriqués dans de nombreux pays producteurs de vins, tels que le cava d'Espagne, le sekt d'Allemagne, le spumante d'Italie et le crémant. Ce sont des vins qui ont subi une seconde fermentation, soit en cuve soit en bouteille selon la méthode champenoise, ou qui ont été gazéifiés artificiellement.

Le cava d'Espagne et le crémant sont produits selon la méthode champenoise (seconde fermentation en bouteille). Certains excellents vins mousseux blancs (et rouges) sont élaborés à partir de raisins de muscat, qui ne poussent que sur la péninsule de Crimée, en Ukraine. À l'instar du champagne, un authentique vin mousseux de Crimée fermente en bouteille. Ce processus exige du temps et un travail intensif, mais il fait en sorte que les bulles resteront plus longtemps dans le verre. L'Asti est une importante région vinicole située à l'est de Turin, dans la province du Piedmont en Italie. Le vin mousseux italien le plus connu est l'asti spumante, un vin sucré et fruité à faible teneur en alcool qui est obtenu à partir de raisins Moscato.

Le sekt d'Allemagne est vieilli au moins neuf mois. puis, après une dégustation officielle, on lui attribue un numéro qui doit apparaître sur son étiquette. La dénomination Prädikatssekt désigne un vin mousseux de bonne qualité, qui contient au moins 60 % de raisins allemands. Un winzersekt est fabriqué exclusivement par le viticulteur ou par une coopérative, selon la méthode champenoise.

Bien que les recettes qui suivent demandent du champagne – c'est ainsi que les créateurs les ont élaborées – vous pouvez, si vous le désirez, substituer le champagne par un vin blanc mousseux sec, fabriqué de préférence selon la méthode champenoise, si vous voulez voir les bulles pétiller plus longtemps!

champagne charlie

méthode: au verre directement   **glace:** concassée

verre: à vin   **garniture:** rondelle d'orange

Dans le nom du cocktail, « Charlie » fait évidemment référence au grand Charles-Camille Heidsieck, qui a commencé à produire du champagne en 1851. Heidsieck était un vendeur de génie doublé d'un bon vivant ce qui, conséquemment, lui valut le surnom de « Champagne Charlie ».

ingrédients

1 cuillerée de glace concassée

1 mesure d'apricot brandy

4 mesures de champagne glacé (de préférence, du Charles Heidsieck)

$^1/_2$ rondelle d'orange, pour garnir

méthode

Mettez la glace concassée dans un verre à vin et versez l'apricot brandy. Ajoutez le champagne et garnissez d'une demi-rondelle d'orange.

aqua marina

méthode: shaker   **glace:** glaçons

verre: flûte à champagne

La crème de menthe verte confère à ce cocktail une magnifique couleur vert d'eau et une saveur délicate de menthe. L'adjonction de vodka et de jus de citron empêche la boisson d'être trop sucrée.

ingrédients

3 à 4 glaçons

1 mesure de vodka

$^1/_2$ mesure de crème de menthe verte

$^1/_2$ mesure de jus de citron

4 mesures de champagne glacé

méthode

Mettez les glaçons dans un shaker et versez tous les ingrédients, sauf le champagne. Frappez et passez dans une flûte, puis ajoutez le champagne.

classic champagne cocktail

méthode: au verre directement

verre: flûte à champagne   **garniture:** rondelle d'orange

À New York en 1889, John Dougherty s'est vu décerner une médaille d'or pour sa recette de cocktail au champagne. En fait, c'est 25 ans auparavant, dans les états du sud, que Dougherty a découvert la fameuse recette qui, en ce temps-là, demandait un trait d'eau de source. Ainsi, les origines exactes de ce cocktail classique demeurent bien mystérieuses.

ingrédients

1 cube de sucre

2 traits d'Angostura bitters

$^1/_3$ mesure de cognac

3 mesures de champagne glacé

1 fine lanière de zeste de citron

$^1/_2$ rondelle d'orange, pour garnir

méthode

Déposez le cube de sucre dans une flûte à champagne, ajoutez 2 traits d'Angostura et laissez le sucre s'imbiber. Versez le cognac et ajoutez le champagne. Pressez le zeste de citron au-dessus de la flûte pour en extraire l'huile. puis jetez-le. Garnissez d'une demi-rondelle d'orange. Si cela vous tente, ajoutez $^1/_3$ mesure de Grand Marnier et un trait de sirop de sucre.

champagne
napoléon

méthode: verre à mélange   **glace:** glaçons
verre: flûte à champagne

Selon la légende, très tôt en ce matin du 18 mars 1814,
Napoléon Bonaparte décrivait son plan de bataille à son
hôte, le grand maître du champagne, Jean-Rémy Moët. En
reconnaissance du travail de Moët, Napoléon lui remit la Croix
de Chevalier de la Légion d'honneur, la plus haute distinction
de la République française. On dit que la médaille provenait
de l'uniforme même de Napoléon !

ingrédients

3 à 4 glaçons
$^3/_4$ mesure de Mandarine Napoléon
1 mesure de jus d'orange
$3^1/_4$ mesures de champagne glacé

méthode

Mettez les glaçons dans un verre à mélange et versez la Mandarine
Napoléon, puis le jus d'orange. Remuez brièvement, passez dans
une flûte à champagne et ajoutez le champagne.

grand mimosa

méthode: au verre directement

verre: à vin

Le Mimosa est un élégant mélange de champagne et de jus d'orange qui a été créé vers 1925 au bar de l'hôtel Ritz à Paris. Il porte le nom d'une fleur dont la couleur rappelle celle de sa propre robe. Ajoutez-lui du Grand Marnier et il deviendra un Grand Mimosa.

ingrédients

3 mesures de jus d'orange

$1/_2$ mesure de Grand Marnier

3 mesures de champagne glacé

1 fine lanière de zeste d'orange

méthode

Versez le jus d'orange, le Grand Marnier et le champagne dans un verre à vin. Pressez le zeste d'orange au-dessus de la boisson pour en extraire l'huile, puis jetez-le.

fiddler's toast

méthode: au verre directement **glace:** concassée
verre: coupe ou grand verre à vin **garniture:** rondelle d'orange et cube
de sucre au curaçao bleu

Voici un amusant cocktail au champagne, surtout avec le
cube de sucre bleu qui flotte sur un « radeau » d'orange !
Le jus de lime, le jus d'orange et le Grand Marnier apportent à la boisson une saveur nettement fruitée et acidulée.
Si vous le désirez, faites chavirer le radeau et regardez le
curaçao bleu s'évader du cube de sucre !

ingrédients

1 cuillerée de sucre concassée

$1/_2$ mesure de jus de lime

2 mesures de jus d'orange

$1/_3$ mesure de Grand Marnier

3 mesures de champagne glacé

1 rondelle d'orange, pour garnir

1 cube de sucre imbibé de curaçao bleu, pour garnir

méthode

Mettez la glace concassée dans une coupe ou un grand verre à vin
et ajoutez le jus de lime, le jus d'orange, le Grand Marnier et le
champagne. Faites flotter une rondelle d'orange et déposez en son
centre un cube de sucre imbibé de curaçao bleu. Servez avec une
paille courte.

french 75

méthode: au verre directement
glace: glaçons
verre: à collins
garniture: rondelle de citron et cerise

Le cocktail 75 original était un short drink créé durant la Première Guerre mondiale par Henry, du Henry's Bar à Paris, et nommé en l'honneur du 75, le canon de campagne français. Après la guerre, Harry MacElhone, du Harry's Bar à Paris, a ajouté du champagne pour fêter le retour à la paix et a baptisé le cocktail « French 75 ». En 1930, la boisson était devenue si populaire qu'elle a suscité la création de toute une série de cocktails français.

ingrédients

I bonne cuillerée à thé de sucre en poudre

I mesure de jus de citron

I mesure de gin

4 à 6 glaçons

5 mesures de champagne glacé

$^1/_2$ rondelle de citron, pour garnir

I cerise, pour garnir

méthode

Mettez le sucre en poudre dans un verre à collins. Versez le jus de citron et le gin et assurez-vous que le sucre s'est dissout. Remplissez le verre à moitié de glaçons et ajoutez le champagne. Garnissez d'une demi-rondelle de citron et d'une cerise, et servez avec une paille.

Variantes:

French 45: utilisez $^1/_2$ c. à thé de sucre en poudre et remplacez le gin par du Drambuie

French 65: un French 75 nappé de 2 c. à thé de cognac.

French 95: remplacez le gin par I mesure de bourbon.

French 125: remplacez le gin par I mesure de cognac.

green dragon

méthode: au verre directement **glace:** glaçons

verre: flûte à champagne **garniture:** cerise au marasquin
verte

Ce cocktail au champagne doit sa jolie couleur verte et sa délicate saveur de melon à la liqueur japonaise Midori. Cette liqueur est relativement nouvelle sur la scène des cocktails, mais elle est devenue un ingrédient très populaire dans les recettes modernes.

ingrédients

1 mesure de Midori

4 mesures de champagne glacé

1 cerise au marasquin verte, pour garnir

méthode

Versez le Midori dans une flûte à champagne et ajoutez le champagne. Accrochez la cerise sur le bord du verre.

hotel california

méthode: shaker **glace:** glaçons
verre: paco ou coupe

Les origines de ce cocktail au champagne se devinent par la présence de tequila, une eau-de-vie fabriquée au Mexique à partir de jus d'agave fermenté et distillé. C'est toutefois une boisson typique de la côte ouest américaine, fruitée et rafraîchissante à souhait.

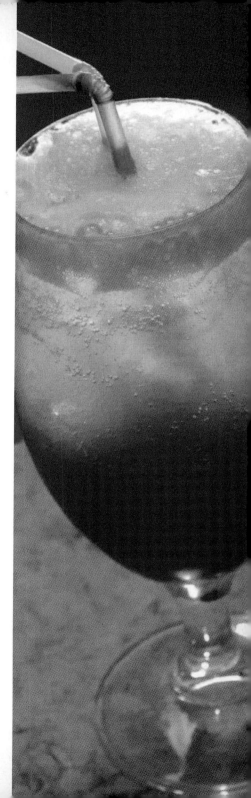

ingrédients

6 à 8 glaçons

2 mesures de jus d'ananas

2 mesures de jus de mandarine

1 mesure de tequila gold

4 mesures de champagne glacé

méthode

Mettez 2 ou 3 glaçons dans un shaker et versez les jus et la tequila. Frappez et passez dans une coupe ou un verre poco rempli des glaçons restants. Ajoutez le champagne et servez avec une ou deux pailles.

kir royale

méthode: au verre directement
verre: flûte à champagne

La crème de cassis est une spécialité de la région française de la Bourgogne. Lorsqu'on l'associe à un Bourgogne blanc, on obtient un Kir – d'après le chanoine Félix Kir, maire de Dijon de l'après-guerre et homme politique de gauche. Et si on l'honore de la présence du « roi des vins », le champagne, on obtient un Kir royal.

ingrédients

¹/₄ mesure de crème de cassis

4¹/₄ mesures de champagne glacé

méthode

Versez la crème de cassis dans une flûte à champagne, puis ajoutez le champagne.

blue splash

méthode: verre à mélange **glace:** glaçons
verre: à whisky **garniture:** rondelle d'orange

Lorsque le curaçao bleu a fait son apparition dans les années 1960, les barmans du monde entier se sont mis à inventer des cocktails des plus colorés, mettant bien en valeur le bleu fabuleux de cet ingrédient. Comme tous les curaçaos, le bleu a un goût d'orange. Le Blue Splash est une boisson fruitée et pétillante, idéale pour faire la fête. Remplacez le champagne par du vin mousseux et le résultat sera tout aussi fantastique !

ingrédients

3 à 4 glaçons

$^3/_4$ mesure de gin

$^3/_4$ mesure de curaçao bleu

$^3/_4$ mesure de jus de citron

2 c. à thé de vermouth sec

1 trait d'Angostura bitters

champagne ou vin blanc mousseux, pour compléter

$^1/_2$ rondelle d'orange, pour garnir

méthode

Mettez les glaçons dans un verre à mélange et ajoutez tous les ingrédients, sauf le champagne ou le vin mousseux et la garniture. Passez dans un verre à whisky et complétez de champagne. Garnissez d'une demi-rondelle d'orange.

caribbean champagne

méthode: au verre directement **glace:** pilée
verre: coupe à champagne **garniture:** rondelle de banane

J'ai découvert ce cocktail à l'occasion d'un magnifique mariage d'amis antillais. Michael Jackson, l'auteur mondialement reconnu dans le domaine des cocktails, décrit cette boisson, à juste titre, comme une délicieuse extravagance mi-sucrée. La recette est donnée ci-dessous, mais d'après mon souvenir, le cocktail que j'ai savouré contenait sûrement plus de rhum !

ingrédients

1 cuillerée de glace pilée

$^1/_2$ c. à thé de rhum blanc

$^1/_2$ c. à thé de crème de banane

1-2 traits d'orange bitters

4 mesures de champagne glacé

1 rondelle de banane, pour garnir

méthode

Remplissez une coupe à champagne de glace pilée et ajoutez les ingrédients liquides. Remuez et garnissez d'une rondelle de banane.

palais royale

méthode: au verre directement   **glace:** pilée

verre: à vin   **garniture:** rondelle de citron et
cerise au marasquin

Ce cocktail au champagne est quasiment un frappé, en ce
sens qu'on le sert sur glace pilée. Un cherry brandy vivement coloré lui donne une légère teinte rosée. Les sociétés
hollandaises De Kuyper et Bols — fondée en 1575 et sans
doute le plus vieux distillateur du monde — ainsi que la compagnie danoise Peter Heering produisent tous des cherry
brandys de haute qualité.

ingrédients

1 cuillerée de glace pilée

1 c. à thé de jus de citron

$^1/_3$ mesure de cherry brandy

1 mesure de cognac

3 mesures de champagne glacé

$^1/_2$ rondelle de citron, pour garnir

1 cerise au marasquin, pour garnir

méthode

Remplissez un verre à vin à moitié de glace pilée et versez le jus de
citron, le cherry brandy et le cognac. Ajoutez le champagne et garnissez d'une demi-rondelle de citron et d'une cerise au marasquin.

cocktails à base de champagne **233**

texas fizz

méthode: shaker   **glace:** concassée et glaçons

verre: highball   **garniture:** rondelle d'orange

Comme tous les fizzes, celui-ci a été élaboré à l'origine avec de l'eau de Seltz. Évidemment, lorsque les Texans ont découvert du pétrole sur leur sol, ils ont vite remplacé l'eau par du champagne ! Le gin rend le cocktail plus costaud tandis que la grenadine et le jus d'orange donnent à ce long drink une fraîcheur fruitée et la couleur d'un coucher de soleil texan.

ingrédients

3 à 4 glaçons

1 mesure de jus d'orange

$1/4$ mesure de grenadine

1 mesure de gin

1 cuillerée de glace concassée

4 mesures de champagne glacé

1 rondelle d'orange, pour garnir

méthode

Mettez les glaçons dans un shaker et versez le jus d'orange, la grenadine et le gin. Passez dans un verre highball rempli aux trois quarts de glace concassée et ajoutez le champagne. Garnissez d'une rondelle d'orange.

american glory

méthode: au verre directement **glace:** glaçons
verre: highball

Beaucoup de cocktails au champagne classiques contiennent des jus de fruits : le Mimosa est simplement un mélange de champagne et de jus d'orange, et devient un Buck's Fizz si on lui ajoute un trait de grenadine. Du jus d'orange et de la limonade rendent ce cocktail encore plus pétillant.

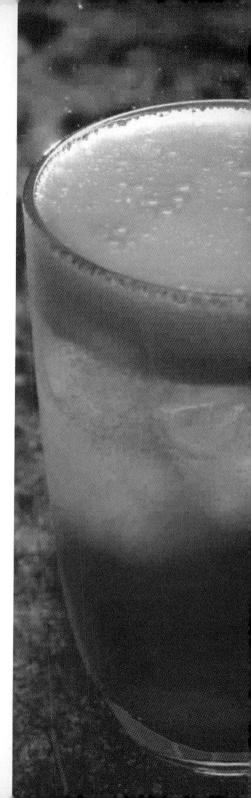

ingrédients

3 à 4 glaçons

2 mesures de jus d'orange

2 mesures de limonade glacée

3 mesures de champagne glacé

méthode

Mettez les glaçons dans un verre highball et versez le jus d'orange et la limonade. Pour finir, ajoutez le champagne.

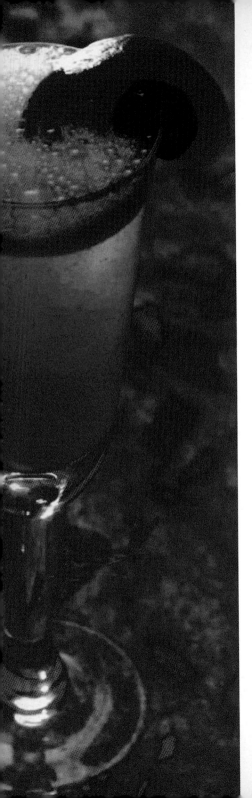

mango bellini

méthode: au verre directement **glace:** glaçons

verre: flûte à champagne **garniture:** tranche de pêche
et cerise

L'un des plus fameux cocktails au champagne, le Bellini, a été créé en 1943 par Giuseppi Cipriani, au Harry's Bar de Venise, pour célébrer l'exposition de l'artiste vénitien Bellini. Dans la version classique, on utilise du jus de pêche alors que la version moderne contient plutôt du jus de mangue.

ingrédients

1 $^1/_2$ mesure de jus de mangue

1 c. à thé de sirop de sucre

3 mesures de champagne glacé

1 tranche de pêche

1 cerise

méthode

Mélangez le jus de mangue et le sirop de sucre, puis versez dans une flûte à champagne. Ajoutez le champagne et garnissez d'une tranche de pêche et d'une cerise.

andalusia

méthode: au verre directement   **glace:** glaçons
verre: flûte à champagne   **garniture:** cerise au marasquin

C'est en Andalousie, au sud de l'Espagne, que se trouve Jerez, la capitale de la région productrice du fameux xérès qui s'étend de Cadix à Séville. Le mot jerez étant imprononçable pour un anglophone, il est devenu « sherry » en anglais.

ingrédients

1 mesure de xérès doux

3 mesures de champagne glacé

1 cerise au marasquin, pour garnir

méthode

Versez le xérès dans une flûte à champagne et ajoutez le champagne. Accrochez la cerise sur le bord du verre.

index

bibliographie

Peter Bohrmann **The Bartender's Guide** Greenwich Editions, 2004

David Briggs **The Cocktail handbook** New Holland, 1999

Salvatore Calabrese **Classic Cocktails** Prion, 1997

Maria Costantino **The Cocktail handbook** D & S Books

Maria Costantino **Cocktails Deluxe** D & S Books

Robert Cross **The Classic 1,000 Cocktail Recipes** Foulsham, 2003

Davis A Embury **The Fine Art of Mixing Drinks** Faber, 1963

Ambrose Heath **Good Drinks** Faber, 1939

Michael Jackson **Michael Jackson's Pocket Bar Book** Mitchell Beazley, 1981

Michael Jackson **Michael Jackson's Bar & Cocktail Book** Mitchell Beazley, 2002

Brian Lucas **365 Cocktails** Duncan Baird, 2003

Harry MacElhone with Andrew MacElhone **Harry's ABC of Mixing Cocktails** Souvenir Press, 1986

Gary Regan **The Bartender's Bible** Harper Collins, 1993

Ian Wisniewski **Party Cocktails** Conran Octopus, 2002

sources et remerciements

Merci à Paul pour les photos, à Ena pour son frigo, à Brain pour le matériel, à Jo Locke pour ses tests de dégustation et à Isabel du service des vins et spiritueux de Selfridges, Oxford Street, Londres, pour ses connaissances, son enthousiasme et son service de livraison!

Finalement, un gros merci à tous ceux qui ont généreusement partagé leur savoir et leur recettes sur leurs sites Web.

www.kingcocktail.com
(Dale DeGroff, reconnu comme l'un - sinon le meilleur - des barmans vivants de ce monde)

www.cocktails.about.com
(Bulletin, histoire, recettes, jeux-questionnaires et jeux de fête)

www.cocktails.com
(Site de Martin Doudroff et de Ted Haigh (Dr Cocktail) - une importante base de données sur les recettes et un fameux babillard électronique)

S'il vous plaît, buvez de façon responsable